Jardim de camaleões

JARDIM DE CAMALEÕES

A Poesia Neobarroca na América Latina

⌘

Organização, seleção e notas:
Claudio Daniel

Tradução:
Claudio Daniel, Luiz Roberto Guedes e Glauco Mattoso

ILUMI//URAS

Copyright © 2004:
Claudio Alexandre de Barros Teixeira

Copyright © 2004 desta edição e tradução:
Editora Iluminuras Ltda.

Capa:
Fê
Estúdio A Garatuja Amarela
sobre detalhe de *Si y no* (1990), díptico, acrílico e colagem sobre tela (30,5 x 51,8 cm), Julio Galán (México). Coleção Particular.

Revisão:
Ariadne Escobar Branco

Filmes de capa:
Fast Film - Editora e Fotolito

Composição e filmes de miolo:
Iluminuras

CIP-BRASIL. CATALOGAÇÃO NA FONTE
SINDICATO NACIONAL DOS EDITORES DE LIVROS, RJ

J42

Jardim de camaleões : a poesia neobarroca na América Latina / organização, seleção e notas, Claudio Daniel : tradução, Claudio Daniel, Luiz Guedes e Glauco Mattoso. - São Paulo : Iluminuras, 2004
il. :

Apêndice
ISBN 85-7321-207-1

1. Antologias (Poesia latino-americana). 2. Antologias (Poesia brasileira), 3. Arte Barroca - América Latina.
I. Daniel, Claudio, 1962-. II. Guedes, Luiz Roberto, 1951-. III. Mattoso, Glauco, 1951-.

04-2556.   CDD 868.9930108
                CDU 821.134-2 (8)-1(082)

22.09.04   27.09.04   007759

2004
EDITORA ILUMINURAS LTDA.
Rua Oscar Freire, 1233 - 01426-001 - São Paulo - SP - Brasil
Tel: (0xx11)3068-9433 / Fax: (0xx11)3082-5737
iluminur@iluminuras.com.br / www.iluminuras.com.br

SUMÁRIO

Prefácio
BARROCO, NEOBARROCO, TRANSBARROCO 13
Haroldo de Campos

Introdução
A ESCRITURA COMO TATUAGEM 17
Claudio Daniel

O NEOBARROCO: UM CONVERGENTE NA
POESIA LATINO-AMERICANA 23
José Kozer

CARLOS RODRÍGUEZ ORTIZ (República Dominicana)
Envelope 243
Calçadas sem sapateados 44

CORAL BRACHO (México)
Água de bordas lúbricas 49
Na umidade cifrada 52
De seus olhos ornados de areias vítreas 54

EDUARDO ESPINA (Uruguai)
A vida, um objeto recente 59
Velhice de Wittgenstein 61
Caravaggio, vigília final 63

EDUARDO MILÁN (Uruguai)
Estação do canto 67
Estação da fábula 69
Estação final 70
A tempestade, o fogo, o funesto 72

HAROLDO DE CAMPOS (Brasil)
Klimt: tentativa de pintura 75
Neobarroso: *in memoriam* 76
Polifemo contempla Galatéia 77
Galáxias *(fragmentos)* 78

HORÁCIO COSTA (Brasil)
O retrato de Dom Luís de Góngora 85
Cetraria 6886
Os jardins e os poetas 88
O menino e o travesseiro *(fragmento)* 90
O invisível 92

JOSÉ KOZER (Cuba)
Auto-retrato 95
Centro de gravidade 97
O mendicante 99
Remendos 102

JOSÉ LEZAMA LIMA (Cuba)
Ah, que você escape 107
Chamado do desejoso 108
Os fragmentos da noite 110
Minerva define o mar 113

JOSELY VIANNA BAPTISTA (Brasil)
Imagens do mundo flutuante:
   Rivus 119
   Schisma 119
   Restis 120
   Velum 120
Os poros flóridos *(fragmento)* 121

LEÓN FÉLIX BATISTA (República Dominicana)
Almíscar 127
Tonel de uma danaide 128
Bianca Jagger depilando-se ante Warhol 129

MÁRIO EDUARDO ARTECA (Argentina)
Larry Rivers por John Ashbery 133
R.B. Kitaj por R.B. Kitaj 136

NÉSTOR PERLONGHER (Argentina)
A banda, os polacos 143
Os orientais 145
O ayahuasqueiro 147
Águas aéreas *(fragmento XXI)* 149
Formas barrocas 150

OSVALDO LAMBORGHINI (Argentina)
Notas invernais de um deputado infeliz? *(fragmento)* 153

PAULO LEMINSKI (Brasil)
Catatau *(fragmentos)* 159

RAÚL ZURITA (Chile)
Às imaculadas planícies 167
O deserto de Atacama II 169
O deserto de Atacama III 170
Cordilheiras *(fragmentos)* 171

REINA MARÍA RODRÍGUEZ (Cuba)
Âmbar 175
As ilhas 178
Vincent van Gogh também pintou veleiros 180

REYNALDO JIMÉNEZ (Peru)
Não quero morrer 183
A impregnação 185
De improviso 187
Shakti *(fragmento)* 188

ROBERTO ECHAVARREN (Uruguai)
Confissão piramidal 193
O Napoleão de Ingres 197
Amor de mãe 200

ROBERTO PICCIOTTO (Argentina)
Ancorado na ilha do cotovelo 203
Breve manual de ornitologia ontológica 205
Aschenbach chez lui 207

RODOLFO HINOSTROZA (Peru)
Ária verde 211

SEVERO SARDUY (Cuba)
A luz do meio-dia 217
Morandi 218
Incrustar cascavéis em tuas faces 219
Pequena orquestra tântrica 220

TAMARA KAMENSZAIN (Argentina)
Como o bailarino de teatro nô 225
Como o ator de teatro nô 226
Chuvas de algodão 227
Vitral é o olho desenhado 228

VÍCTOR SOSA (Uruguai)
De Dizer é Abissínia 231

WILSON BUENO (Brasil)
Silêncios 239
Cada cabeça, uma sentença 241
Mar paraguayo *(fragmentos)* 242

NOTAS 245

POSFÁCIO 249
Roberto Echavarren

Agradecimentos

*A Haroldo de Campos (1929-2003), translator maximus,
pelo prefácio a esta antologia*

*A Horácio Costa, pela leitura e comentários,
bem como pelo texto de "orelha"*

*A Reynaldo Jiménez, Roberto Echavarren,
Mário Arteca, Jesús Barquet,
Walter Louzán, Rodolfo Häsler,
e na-Kar-Ellif-ce,
que nos esclareceram muitas dúvidas.*

*Este livro é dedicado
a José Kozer*

Prefácio
BARROCO, NEOBARROCO, TRANSBARROCO
Haroldo de Campos

O grande poeta e romancista cubano José Lezama Lima, em ensaio famoso, definiu o barroco americano como "a arte da contraconquista". A concepção de Lezama foi, recentemente, retomada em suas implicações por Carlos Fuentes, em *O espelho enterrado*: "O barroco é uma arte de deslocamentos, semelhante a um espelho em que, constantemente, podemos ver a nossa identidade em mudança." (...) "Para nossos maiores artistas", prossegue Fuentes, invocando a proposta de José Martí de uma "cultura totalmente inclusiva", "a diversidade cultural, longe de ser um embaraço, transformou-se na própria fonte da criatividade".[1] Considerando, ademais, o fenômeno do hibridismo indo-afro-ibérico na arquitetura e nas artes plásticas do Novo Mundo, Fuentes assevera, convergindo com Lezama: "O sincretismo religioso triunfou e, com ele, de algum modo, os conquistadores foram conquistados".[2] Antes do cubano, em seu *A marcha das utopias*, Oswald de Andrade, teórico e prático da "antropofagia" como devoração crítico-cultural, já ressaltara, quanto ao barroco americano, o seu característico "estilo utópico", "das descobertas" que resgataram a Europa do "egocentrismo ptolomaico".[3]

Esses parâmetros referenciais sinalizam a importância do barroco em sua transplantação na Ibero-América, onde se miscigenou ao contributo indígena e africano.

Recentemente, em texto que me foi encomendado pelo Guggenheim Museum para figurar no monumental catálogo da exposição *Brazil: body and soul*, cujo carro-chefe era a arte barroca em nosso país, tive

---
1) LEZAMA LIMA, José. *La expresión americana*. Madri, Alianza Editorial, 1969; 1. ed; 1957. Tradução brasileira por Irlemar Chiampi, *A expressão americana*. São Paulo, Brasiliense, 1988.
2) FUENTES, Carlos. *O espelho enterrado*, traduzido por Mauro Gama, Rio de Janeiro, Rocco, 2001. Título original: *The buried mirror*, 1992.
3) ANDRADE, Oswald de. *A marcha das utopias*, 1953. Conjunto de artigos publicados em *O Estado de S. Paulo* e reunidos em livro na série "Cadernos de Cultura", Rio de Janeiro, MEC/Serviço de Documentação, n. 139, 1996.

a oportunidade de rastrear os fios dispersos desse estilo em nossa literatura (sobretudo na poesia, mas também na prosa), a partir do barroco histórico da Colônia, projetando-o, todavia, no presente de criação.[4] Entre outras considerações, procurei mostrar a "pervivência" (*Fortleben*, W. Benjamin) transmigratória desse estilo no Brasil, fora do estrito marco histórico dos Seiscentos/Setecentos (Gregório de Matos, Botelho de Oliveira, Padre Vieira, e no plano das artes plásticas, o Aleijadinho, o escultor-arquiteto de Ouro Preto/Vila Rica, que faz *pendant* com o índio José Kondori, arquiteto das igrejas de Potosí, no Peru, e encontra uma réplica atual no barroquismo de Oscar Niemeyer).

Duas linhas, dois veios percorrem o barroco histórico: o "sério-estético" (lírico, encomiástico, religioso) e o "joco-satírico" (aliado, na prosa, ao "picaresco", gênero este que deu, entre nós, com variantes e características próprias, o "romance malandro", estudado por Antonio Candido).[5]

Na primeira dessas linhas, lembrei as *Cartas chilenas*, longo poema atribuído ao árcade mineiro Tomás Antônio Gonzaga; o romântico Bernardo Guimarães, dos pornopoemas paródicos e dos abstrusos "bestialógicos" pré-sonoristas; Luiz Gama, outro romântico, o poeta negro, ex-escravo, da virulenta e desmistificadora "Bodarrada"; o Sousândrade do *Tatuturema* e do *Inferno de Wall Street*, um romântico excepcional, não-canônico, que prefigurou a poesia moderna e de vanguarda, internacionalmente falando.

No veio "sério-estético", lembrei os árcades tardo-barroquistas Cláudio Manoel da Costa e Alvarenga Peixoto; o "pai-rococó" Odorico Mendes, precursor de certo Sousândrade, tradutor "monstruoso" (como o foram Voss e, acima de todos, Höelderlin) dos clássicos (Virgílio e Homero); o Sousândrade "preciosista" de *O guesa* e de *O novo Éden*, entre barroquista e simbolista; Cruz e Sousa, o "cisne negro" que liderou o nosso Simbolismo (e que não por acaso, num soneto antiescravista, celebrou a pompa da linguagem de Góngora

---

4) SULLIVAN, E.J. (org.). *Brazil: body and soul*. New York, Guggenheim Museum, The Salomon R. Guggenheim Foundation, 2001. Meu ensaio, que se ocupa também de outros aspectos, culturais e sociais, da questão, tem por título "Literary and artistic culture in modern Brazil".
5) CANDIDO, Antonio. "Dialética da malandragem", *Revista do Instituto de Estudos Brasileiros*, São Paulo, USP, n. 8, 1970.

["Eu quero em rude verso altivo adamastórico / vermelho, colossal, d'estrépito, gongórico"] como o fez, por seu turno, o pioneiro nicaragüense do Modernismo/Simbolismo hispano-americano, Rubén Darío, nos textos de estilo gongorino em que homenageou, sob a forma de sonetos dialogais, o enigmático cordovês ao lado de Velásquez)[6]; Augusto dos Anjos e Euclides da Cunha, barrocos "cientificistas", na poesia o primeiro e na prosa o segundo; sem esquecer Raul Pompéia, de *O Ateneu*, "última e derradeiramente legítima expressão do barroco entre nós", segundo opinou Mário de Andrade.[7]

Incursionando *à vol d'oiseau* pela Modernidade, lembrei o desigual e prolixo *Invenção de Orfeu*, de Jorge de Lima (poema da predileção de outro barroquista, este de minha geração, o inolvidável Mário Faustino); os poetas Décio Pignatari (*O jogral e a prostituta negra*, *Périplo de agosto a água e sal*, *Rosa d'amigos*, *Fadas para Eni*) e Affonso Ávila (*Cantaria barroca*). Na prosa, o excepcional *Grande Sertão: Veredas* (que corresponde em importância a *Paradiso*, de Lezama Lima); *Catatau*, a "barrocodélica" rapsódia de Paulo Leminski.

Tratava-se, evidentemente, dadas as limitações do espaço reservado aos colaboradores, de uma súmula apenas "exemplificativa", não "exaustiva" e muito menos "taxativa".

Do ponto de vista teórico, em meu artigo de 1955 *A obra de arte aberta*, que precedeu de mais de seis anos a *Opera aperta* (1962) de Umberto Eco (embora, entre nós, quando se aborda o tema, se costume silenciar sobre essa circunstância antecipatória fatual), houve uma segunda precursão: nos seus parágrafos finais, enunciei, expressamente, o prospecto de um "barroco moderno" ou "neobarroco" (antes, portanto, de Severo Sarduy, querido e admirado amigo a cuja memória dediquei um poema em *Crisantempo*; Sarduy veio a introduzir o conceito no campo hispano-americano em 1972, sem conhecer o meu texto de 55).[8] É preciso, ademais, referir que,

---

6) DARÍO, Rubén. *Cantos de vida y esperanza* (*Otros poemas*, VII – Trébol, I a III), 1905. Buenos Aires/México, Espasa-Calpe, 1943.

7) ANDRADE, Mário. "O Ateneu". In *Aspectos da literatura brasileira*. 6. ed., Livraria Martins Fontes. São Paulo, 1978, pp. 173-184 (o ensaio remonta a 1941).

8) A propósito, ver a introdução de Eco à edição brasileira de seu livro, *Obra aberta* (São Paulo, Perspectiva, 1968). Quanto à cronologia da noção de "neobarroco", ver Andrés Sánchez Robayna "Barroco de la levedad" ("Barroco da leveza"), *Revista da USP*, São Paulo, jan.-fev. 1990-91, p. 139, nota 23.

embora não empregassem a expressão "neobarroco", tanto Lezama Lima (*La expresión americana*, 1957, 1ª edição)[9], como Alejo Carpentier, dois mestres cubanos influentes em Sarduy, já reivindicavam, em âmbito hispano-americano, o estilo barrroco e o barroquismo de impacto trans-histórico.[10] Em minha prática poética, textos como *Ciropédia* e *Claustrofobia*, ambos de 1952, constituem, como já tenho afirmado, a pré-história barroquizante de minhas *Galáxias* (1963-76).

Hoje em dia, esse conceito de "neobarroco" parece derivar no sentido de um pervasivo "transbarroco" latino-americano (para só falar do que se passa na América Ibérica). Nessa direção apontam três antologias: *Caribe transplatino*, bilíngüe, organizada por Néstor Perlongher com traduções de Josely Vianna Baptista (Iluminuras, São Paulo, 1991); *Transplatinos*, organizada por Roberto Echavarren (Editorial El Tucán de Virginia, México, 1990); *Medusario/Muestra de poesía latinoamericana*, organizada por Roberto Echavarren, José Kozer e Jacobo Sefamí (Fondo de Cultura Económica, México, 1996). *Jardim de camaleões — A poesia neobarroca na América Latina*, a antologia organizada pelo jovem poeta Claudio Daniel (ele próprio um dotado "neobarroquista"), com traduções dele e de Luiz Roberto Guedes, ora editada pela Iluminuras, torna amplamente acessível ao leitor brasileiro (incluindo alguns nomes já bastante conhecidos, ao lado de outros mais jovens) essa deriva "transbarroca" que percorre o espaço textual de nossa América, não de modo homogêneo e uniforme, mas regendo-se por uma fascinante estratégia de nuanças.[11]

São Paulo, março de 2002.

---

9) LEZAMA LIMA, José. *La expresión americana*. Buenos Aires, Fondo de Cultura Económica de Argentina, 1993, 183 pp.
10) De Carpentier, a obra mais extremadamente característica da tendência é, a meu ver, *Concierto barroco*, 1974; o autor, que também se manifestou através de ensaios críticos (*Tientos y diferencias*), para o fim de definir o espírito latino-americano funde as noções de barroco e de "real maravilhoso", chegando, assim, à tese do *creollismo* (entendido como "mestiçagem"). Cf. DILL, Hans-Otto. *Geschichte der lateinamerikanischen Literatur im Überblick*, Stuttgart, Reclam, 1999.
11) Refira-se que o argentino Perlongher, praticando uma espécie de barroquismo kitsch, define-se como "neobarroso", aludindo ao lodo *lustral* do Rio da Prata.

Introdução
A ESCRITURA COMO TATUAGEM
Claudio Daniel

"Arte de descomponer un ordre y componer un desordre"
Severo Sarduy

A escritura como tatuagem: inscrever sentenças na página, adereços rituais de cerimônia mágica. Sentir a carnadura das palavras, em gozo bacante; ceder a seus jogos, permutações de cores e linhas como a pele do tigre ou a loucura de um deus. Espaço entre som e luz, sentido e mistério, o barroco faz da arquitetura verbal uma forma de delírio visionário. Não por acaso, fala-se em *poética do êxtase* e *utopia do estético*. Conforme J. Rousset, essa arte inquieta se alimenta de "um gérmen de hostilidade contra a obra acabada, inimigo de qualquer forma estável; ela é impelida por seu próprio demônio a se superar sempre e a desfazer sua forma no exato momento em que a inventa, para se alçar em direção a outra forma". A saturação de signos, na prosódia barroca, opera a ruptura com os próprios limites do compreensível; esse tumulto intencional, dentro da função poética, produz verdadeiros labirintos verbais, jardins de espelhos deformados. Tempo, espaço e movimento são anulados, dissolvidos, e a noção do eu perde-se no mar das palavras, numa espécie de desprendimento, aniquilação ou mergulho no infinito. O desejo do excessivo, do ilimitado, pecado luciferino, motivou a inquisição da crítica contra esse "artesanato furioso" (Marino), condenado à exclusão e ao exílio. Somente no século XX, graças aos esforços de poetas como García Lorca, o barroco recuperou o seu lugar de honra, após séculos de silêncio ou maledicência. A cólera da crítica contra essa arte de ruídos e rutilâncias teve um forte motivo: foi o primeiro ensaio de uma linguagem poética absoluta, retomado depois no simbolismo. Todos os traços do barroco apresentados até aqui o afastam nitidamente da tradição clássica e de seu avatar, o realismo, ainda presente no romance e no cinema. Tarefa mais árdua é compreender sua relação com a modernidade. A poesia, no século XX, aproximou-se dos processos fabris, elegendo o "moderno" como paradigma, em oposição ao "belo", como escreveu Leminski. Buscou a síntese, a palavra exata, incorporando a visão mecanicista de mundo projetada por Smith e Marx contra o lirismo e a metafísica. A afirmação da poesia como arte industrial está presente em Maiakovski, Apollinaire, Oswald de Andrade, Augusto de Campos. No Admirável Mundo Novo do mercado, da máquina e da técnica, porém, problemas como a Guerra, a Fome, a Doença e a Morte continuam a infligir dor; a reação inevitável seria questionar a idéia de progresso, em sua essência ideológica e em suas representações. O neobarroco, com certeza, é uma resposta à modernidade.

O termo surgiu pela primeira vez, no âmbito íbero-americano, em artigo de Severo Sarduy, publicado em 1972, quase meio século após a célebre conferência de Lorca, ponto de partida para a revalorização de Gôngora. O neobarroco não é uma escola, não possui princípios normativos como o verso livre ou as palavras em liberdade. Para Eduardo Glissant, é "uma maneira de viver a unidade-diversidade do mundo"; Néstor Perlongher o define como "um estado de espírito coletivo que marca o clima, caracteriza uma época". O neobarroco não é uma vanguarda, no sentido clássico do termo; não se preocupa em ser *novidade*. Ele se apropria de fórmulas anteriores, remodelando-as, como argila, para compor o seu discurso; dá um novo sentido a estruturas consolidadas, como o soneto, a novela, o romance, perturbando-as. O ponto de contato entre o neobarroco e a vanguarda está na busca de vastos oceanos de linguagem pura, polifonia de vocábulos. No lugar da *mímesis* aristotélica, do registro preciso, fotográfico da paisagem exterior, esta é retalhada e recriada como objeto de linguagem, numa reinvenção da natureza mediante o olhar. Assim, no poema *Estação da Fábula*, Eduardo Milán nos diz: "aí se afogam as palavras / brancas / vermelhas / em branco: como morada / água / tintas movendo / (peixes) / focos: / fronte e lâmpada / luz de- / movendo-se peixes / (tintas)". Esta fracionada fanopéia, que evidencia o caráter *construído* da paisagem-escritura, está presente também em peças de lírica imprevista e ácida delicadeza, como *Água de Bordas Lúbricas*, de Coral Bracho: "Água de medusas, água láctea, sinuosa, / água de bordas lúbricas; espessura vitrificante — Deliqüescência / entre contornos deleitosos. Água — água suntuosa / de involução, de languidez". Nesta rebelião de vocábulos, ou conjuração sussurrada, a sintaxe não é abolida, mas antes refundada nos parâmetros de uma lógica particular e secreta, que ordena som e sentido; ela cumpre uma função estrutural na organização do poema, seguindo as veleidades de uma gramática onírica. José Kozer, por exemplo, desarticula o discurso linear com o uso da elipse, dos parêntesis, travessões, anáforas, resultando em belos e singulares objetos textuais. Sua pesquisa verbal, minuciosa, surpreende pela somatória de termos da antiga literatura castelhana, do repertório místico, de afluentes coloquiais e regionais, ampliando o idioma espanhol numa língua mesclada, mestiça. O jogo de amarelinha com as palavras, racional e lúdico, sensual e conceitual, que caracteriza essa estranha confraria vai em sentido contrário à escrita automática do surrealismo, e também à estética *clean* dos comerciais de TV. Entramos aqui no território do exagero, desmedida, desmesura: uma arte refinada, como a esgrima, a heráldica ou a falcoaria, numa época regida pela ditadura banalizante do mercado e da mídia.

Forma transistórica

Uma questão que ocupa ainda certos críticos é a pertinência (ou não) de se falar em barroco, ou neobarroco, para além dos cânones do Século de Ouro, com sua métrica e sua mitologia. Para tais vozes, o barroco é a estética de uma época específica — o século XVII, era da Contra-Reforma, do absolutismo e da navegação, irrepetível e confinada a seu momento histórico. Esse tema já foi discutido por autores como Ernst Curtius, para quem o barroco é *cíclico*, ressurgindo em períodos de saturação de classicismo. Néstor Perlongher, nessa mesma linha de investigação, entende o barroco como *forma transistórica*, que reapareceria em momentos caóticos, convulsivos. Numa época em que "tudo é grito, tudo desordem, tudo confusão" (Vieira), o terreno estaria fértil para essa arte do caos, da crise, da conturbação. Não é estranho, assim, que tenha renascido na América Latina, continente perturbado pelo jogo de claro-escuro entre o arcaico e o moderno, a subnutrição e a informática. Ele incorpora esse conflito em seus processos textuais, assume o caráter inquieto do contexto social, via linguagem, fazendo do tecido estético um ícone da loucura que vivemos. Nessa operação, recupera a fala do Outro, do excluído, do marginal. José Kozer incorpora elementos chineses e japoneses, referências à Cabala e aos místicos medievais; Néstor Perlongher voltou-se ao xamanismo e à sapiência visionária; Severo Sarduy enfocou os travestis e o submundo. O herói é o Outro, aquele que é belo porque é diferente de mim. Ao esvaziar o eu lírico, narciso em flor, amplia o sujeito numa figuração transcendente de vazio, totalidade e êxtase, fazendo da poesia uma experiência quase mística (recordando o adágio de Lezama Lima, para quem a poesia era uma forma de "conhecimento absoluto", capaz de substituir a religião).

Renunciando à idéia de linha evolutiva da vanguarda e também à concepção de progresso histórico da esquerda marxista, os poetas neobarrocos assumem a incessante metamorfose, rio de Heráclito, borboleta de Chuang Tzu, jardim de camaleões. Roberto Echavarren, no poema *O Napoleão de Ingres*, por exemplo, faz uma *collage* de signos de diferentes culturas, épocas e lugares para descrever um retrato do imperador francês: "A cor da seda, sua textura / são quase metálicos: um zepelim pelo céu / azul-da-prússia, um dragão chinês / voando em seu troar de metais". Assim também José Kozer, no poema *Auto-Retrato*: "sou o verdadeiro eu: um eu / Cibola, eu Hespérides, sou argivo sou argivo (gritou). / (...) um íbis amarelo / sobre fundo negro três ideogramas". Essa montagem de recortes, que contraria as distinções entre os territórios de espaço-tempo, recorda, sem dúvida, os contrapontos antitéticos do movimento tropicalista, de Caetano Veloso e Gilberto Gil (em canções como *Tropicália* e *Geléia Geral*), e aponta para novas possibilidades de concepção do mundo, para além dos parâmetros cartesianos tradicionais e do conceito de história como um processo lógico e linear, sujeito às leis de qualquer determinismo, social-darwiniano ou dialético.

A história, se é ampliada numa dimensão universal, totalizante e epifânica, também é concentrada, em movimento paralelo, à sua unidade mínima, o corpo humano. Severo Sarduy, cultor da lírica do bizarro, investigou as relações entre o corpo biológico e o textual, definindo o poeta como um tatuador, e a literatura, como arte da tatuagem, signos unificados na pele do papel. Seguindo essa mesma linha, mas aprofundando o viés sádico da metáfora erótica, Lamborghini irá reivindicar o talhe, o corte de lâmina: a escritura como incisão, mutilação (o que nos faz lembrar, sem dúvida, de Buñuel, na conhecida seqüência do olho em *O Cão Andaluz*, e também de

Lautréamont). Assim, em *El Niño Proletário*, o poeta faz um raconto cruel de amor homoerótico, onde o momento do gozo coincide com a perfuração da perna do amante por uma faca, até expor seus ossos. A junção do tema amoroso com o grotesco, o escatológico, longe de remeter ao *épater le bourgeois*, revela outra camada de leitura ou percepção da escritura e do mundo, que questiona todas as polarizações, todos os conceitos preconcebidos. A androginia, ou superação da dicotomia masculino-feminino, é outra obsessão constante em vários desses autores, que têm como única certeza a indeterminação, o transformar-se, o travestir-se: nada é o que aparenta, no infinito lance de mutações do universo.

Conclusão

A presente antologia não deseja mapear ou definir um cânone, nem fazer história literária ou arqueologia do presente: sua meta é apresentar uma pequena mostra desse fascinante campo de experimentação poética (talvez o mais rico, hoje, no continente americano), numa linha que vai dos fundadores, como Lezama Lima, até os nomes mais expressivos da nova geração. Como bem observou Roberto Echavarren, uma mostra é exclusiva, mas não sonha com exclusividade ou permanência. Em nosso trabalho de organização e tradução (feita, na maioria das vezes, em colaboração com os próprios autores, via Internet), quisemos revelar um recorte pessoal desse universo insólito de poetas e poemas, cujo intercâmbio com a literatura brasileira vem se consolidando com notáveis resultados. Um diferencial desta obra em relação a outras coletâneas, como *Transplatinos* e *Medusário* (sem esquecer de *Caribe Transplatino*, organizada por Néstor Perlongher e publicada em 1991) é justamente a presença de um número maior de autores brasileiros, cuja produção está em sintonia com esse "artesanato furioso" ou loucura da linguagem: Haroldo de Campos, Paulo Leminski, Wilson Bueno, Horácio Costa e Josely Vianna Baptista. É nossa intenção, sobretudo, que este livro seja lido com prazer.

São Paulo, Outono, Ano do Dragão de Metal
Primavera, Ano do Cavalo de Água

O NEOBARROCO: UM CONVERGENTE NA POESIA LATINO-AMERICANA

José Kozer

"A margem está forrada[1] com tijolo corroído"
Robert Lowell, *Notebook*, "Long Summer"

Eu vejo duas linhas básicas na poesia latino-americana de hoje. Uma é linha fina, a outra, espessa. A geometria de linha fina é linear, e sua expressão familiar, coloquial. A geometria de linha espessa é prismática, curvilínea, e sua expressão é turbulenta e densa. A primeira linha eu associo mais com a poesia norte-americana e a poesia latino-americana tradicional, incluindo aspectos da sua já assimilada *avantgarde*. Eu associo esta linha, digamos, com Robert Lowell, um certo pelúcido Eliot, ou o trabalho de Elizabeth Bishop. A segunda linha, significando a linha espessa, associo com a poesia internacional, de convergência e diversidade mais forte, de fato mais opaca, mas, à despeito da espessura, mais abrangente. A poesia internacional inclui aspectos da poesia americana do século XX, bem como uma fonte básica enraizada no Barroco espanhol da Idade de Ouro, Góngora e Quevedo sobretudo, além de alguns respingos dos poetas ingleses metafísicos, uma extensão da poesia de Stéphane Mallarmé e um contato forte e frutífero com o trabalho de, por exemplo, Ezra Pound; e em certos poetas mais jovens, com Louis Zukofsky, Charles Olson e John Berryman: estivesse você a mover-se na música moderna, John Cage, Philip Glass e o compositor místico francês católico Olivier Messiaen poderiam representar uma diversidade de fontes musicais transfundidas nessa tendência mais robusta da poesia. No meu caso, por exemplo, alguns críticos têm sugerido pontos de contato, uma convergência de métodos, com a poesia de John Ashbery. Se assim é, esta é uma coincidência a ser atribuída ao período histórico no qual ambos vivemos, e a forma à qual reagimos, poeticamente, ao nosso próprio tempo. Eu não diria isto defensivamente, uma vez que respeito

---

1) Forrada. *Pebble* no original, quer dizer seixo. Assim, é como se a margem estivesse recoberta de seixo, "seixada", com tijolo corroído. (N.T.)

muito o trabalho de Ashbery, e se existisse uma influência de seu trabalho sobre o meu, agradeceria profundamente e alegremente. Entretanto, comecei a ler Ashbery há talvez três anos, após ter escrito perto de 5.000 poemas. Além disso, enquanto a poesia de Ashbery é ironia em direção à comédia, a minha tende a ser, entre outras coisas, ironia em direção à tragédia. Tendo dito isto, concluída a digressão, isso poderia indicar como nós, poetas latino-americanos, estamos em contato criativamente e criticamente com o atual e palpitante presente em outras culturas, e como conseqüência, escrevemos uma poesia mais rica, mais espessa e mais referencial do que a de muitos de nossos precursores.

Deixe-me dizer agora que a linha fina da poesia na América Latina proliferou durante a primeira metade do vigésimo século. Você encontraria, por exemplo, em Huidobro, Neruda, Gabriela Mistral, Eduardo Carranza, Salvador Novo, Octavio Paz, Nicanor Parra, Ernesto Cardenal, Heberto Padilla, Eliseo Diego e Gonzalo Rojas, para nomear alguns. Há uma linha intermediária, que torna-se mais robusta, e inclui o grande poeta peruano César Vallejo, o surrealista argentino Oliverio Girondo e seu confrade, o peruano Emilio Adolfo Westphalen, bem como Carlos Germán Belli e Francisco Madariaga. Contudo, espessura verdadeira, uma poesia a ser associada com as esferas de James Joyce, Marcel Proust, Herman Broch e Gertrude Stein, com o nosso próprio século dourado, e o barroco de Francisco Medrano, a mexicana Sóror Juana Inés de la Cruz e os já mencionados Gôngora e Quevedo, será encontrada somente na poesia mais recente dos então chamados poetas neobarrocos, um grupo, ou melhor, grupos de indivíduos, vivendo (alguns morreram recentemente) na segunda metade do século XX. Eles trabalham, abundantemente, em todos os países de linha espanhola deste continente, o Brasil inclusive, e muito. Essa poesia, para ajudar contextualmente, tem a exsudação[2], a ondulação, o enredo e a reverberação da multiplicidade e proliferação que você encontra no trabalho de Virginia Woolf e sobretudo no de Gertrude Stein. Seus pais fundadores latino-americanos são o cubano

---

2) Exsudação. *To ooze* no original, fluir gentilmente, como um líquido através dos poros de uma substância ou através de pequenas aberturas. A palavra mais próxima encontrada foi exsudar. (N.T.)

José Lezama Lima e o poeta brasileiro recentemente falecido Haroldo de Campos. Esses dois escritores são os nossos progenitores, as figuras paternas de um grupo razoavelmente grande de poetas trabalhando vorazmente e produtivamente da Patagônia a Havana, tanto em espanhol como em português. É ao mesmo tempo uma poesia dispersa e ainda altamente coerente, e um grupo resiliente. Dispersa, porque esses poetas vivem em países diferentes, longe uns dos outros, mas relacionados, já que seus pontos de contato estéticos são variados, e já que a comunicação é agora instantaneamente possível entre eles através da magia escrava da Internet. Eles constituem uma elite; não uma elite do dinheiro, mas antes dos literária e culturalmente ricos. Além disso, eu os denominaria uma elite de mente aberta, não querendo rejeitar quaisquer materiais que possam ser reconfigurados, reconvertidos em poesia. Eles trabalham no deslocamento extremo, esticando a linguagem ao máximo, todos os tipos de linguagem, participando alegremente nas liberdades do barroco: sua escrita não é engrenada para a luxúria mas, na melhor das hipóteses, para a luxúria como adoração; cada um e todos eles, mais do que poeta, é uma configuração de muitas vozes, polifônica, coral. E aquelas vozes manifestam-se mais atematicamente do que de outra maneira, mostrando uma tendência em direção à atonalidade, o obscuro a ser revelado por meio de uma leitura atenta, e o obscuro como um instrumento para compreender o espiritual, bem como a realidade quando conformada pela variedade e ameaça e horror do nada.

Ler esses poetas neobarrocos requer paciência, paciência e grande experiência. O *asana* ou postura corporal tem que colaborar com o ato da leitura, que tem de ser sem preconceito, aberto ao novo, consciente das diferentes tradições nas diferentes línguas, pronta para a imersão na miscigenação. Você pode, nesse ponto da história, ler Borges, Neruda, Parra ou Paz mais rapidamente, uma vez que a poesia deles tem menos obstáculos que a nossa: é mais conceitual, simétrica, harmônica. Além disso, os seus vanguardismos ousados já foram assimilados. Entretanto, ler Vallejo, especialmente *Trilce*, requer a paciência de um olho que move-se lentamente, como a ponta do dedo deve mover-se ao ler para si mesmo a Bíblia. A textura em um poema de *Trilce* é densa, cheia de pontos de ruptura, linhas de evasão, dispersão, proliferação, propagação com o texto através do anacoluto, e o inesperado da linguagem manipulada ao extremo. Ela transfigura-se com o texto por meio do abrupto, do inesperado. É como se as palavras estivessem apressando-se para o lado de fora da página escrita; ou como se sua gravitação fosse simultaneamente vertical e horizontal, "misturando memória e desejo", o céu e a terra, com o subsolo. Vallejo, entretanto, é um poeta que permanece com uma moldura definida. Comparada com a de Ernesto Cardenal, por exemplo, sua poesia é menos linear; um epigrama de Cardenal é, na sua linearidade, um silogismo breve, imediatamente compreendido. Ao mesmo tempo, tanto Vallejo como Cardenal são menos tradicionais em suas concepções de poesia do que, digamos, Pablo Antonio Cuadra ou Eduardo Carranza. Um poeta neobarroco, diferente de todos eles, tende a não permanecer numa moldura definida, mas de preferência eu diria: está em todo lugar. Ele lida com a sintaxe abrupta, deslocamento, e uma forma não sistemática que pode ser encontrada, *mutatis mutandis*, nas poesias de Olson e Zukofsky. O espaço do poeta neobarroco é rachado em lascas[3]. Ele tem, é claro, sua própria lógica, uma lógica que inclui, e às vezes prefere, o ilógico, da mesma forma que um ateu inclui Deus nos seus pensamentos.

Agora, a poesia de José Lezama Lima e Haroldo de Campos é ainda mais complexa do que, digamos, a de Vallejo. Para lê-los, e portanto, para ler-nos, você tem que respirar de forma diferente: mais asmaticamente. O oxigênio está de alguma maneira faltando, ou melhor, ele concentra-se mais no nível subterrâneo, entre os vermes. Assim, o poeta argentino Néstor Perlongher escreve: "vermes de rosicler urdiendo bajo el césped un laberinto de relámpagos" ("vermes de rosicler ardendo sob a grama um labirinto de relâmpagos"). Esses poetas estão ideologicamente nus, tanto em termos de política quanto de poesia. Portanto, você somente pode lidar com eles, referencialmente, em termos do poema em si e não por meio de analogias políticas ou poéticas que tendem a explicar através do contexto. Não há, basicamente, nenhuma necessidade de contexto de forma a ler Lezama ou um poeta neobarroco: há uma necessidade de lenta imersão, uma imersão de mergulhador num mar profundo em

---

3) Rachado em lascas. No original, *sprintler* que significa lasca; a palavra mais literal seria "lascado". (N.T.)

um meio onde a gravitação muda constantemente, e o ritmo é diferente desde que ele pode mover-se em todo tipo de direção ao mesmo tempo, sem uma cronologia específica, e onde a respiração requer novas formas de concentração. E uma fé, uma aceitação, de que esses materiais diversos funcionam de fato com uma unidade — se você desejar uma confusão na unidade —, mas mesmo assim uma coesão e não caos puro e desconexão.

O neobarroco não se configura como um grupo, no sentido em que a geração de 98 ou a geração de 27 na Espanha configuraram grupos; e ainda assim esses poetas têm um ar familiar, uma homogeneidade congruente na disparidade. Suas idades oscilam, de Gerardo Deniz, Rodolfo Hinostroza, José Carlos Becerra, Paulo Leminski, Roberto Echavarren, e eu mesmo, por volta dos sessenta anos até uma geração mais jovem de poetas nos seus quarenta anos, entre os quais eu conheço e aprecio o trabalho dos mexicanos David Huerta, Coral Bracho e José Javier Villarreal, os uruguaios Eduardo Espina, Eduardo Milán, Silvia Guerra e Víctor Sosa, os brasileiros Claudio Daniel, Josely Vianna Baptista e Glauco Mattoso e os argentinos Tamara Kamenszain, Arturo Carrera e Reynaldo Jiménez, para nomear alguns. Todos eles, todos nós, e por favor tenham em mente que nessa história há um nós, há um nosso, configuram uma família (como em toda família há muitas brigas, dissidência e fofoca maliciosa). Nós não rejeitamos, mas antes incorporamos, o linear e o tradicional, às vezes zombando dele afetuosamente, às vezes distorcendo-o furiosamente, às vezes quieta e respeitosamente aceitando-o. Nós lemos e humildemente agradecemos o trabalho de, digamos, uma Sylvia Plath, uma Anne Sexton, um James Schuyler ou um James Merrill, e suas discordantes contrapartes, os venezuelanos Rafael Cadenas, o nicaragüense Carlos Martínez Rivas ou o cubano Gastón Baquero. Contudo, nós somos diferentes: densos, assimétricos, mais dodecafônicos do que clássicos, sem um centro específico mas antes envolvidos com uma proliferação de centros, sem programa real para oferecer, sem tema básico acima e além dos temas inescapáveis de Eros e Tânatos, temas os quais tendemos a distorcer, zombar, desconstruir, e, felizmente, revitalizar. Essa é uma poesia onde a linguagem é ao mesmo tempo Rei e Rainha. Uma linguagem abrangente não rejeita nenhuma, por ser capaz de espremer poesia da coprofilia ou necrofilia tanto quanto da beleza da vegetação. Ela é cosmopolita na natureza e ainda altamente localizada, de forma que um poeta neobarroco está à vontade com uma rua de Havana ou com Li Po e seus amigos bebendo um copo de saquê ao pé das Montanhas Sagradas de Tai Chan, com a densidade do Amazonas ou Mato Grosso, bem como com a experiência de superfície visual dos Pampas, o deserto do Atacama ou a tundra russa. Essa poesia não teme lixo e detrito, ela exala o pestilento e o decaído, nunca apresenta a realidade em branco e preto; ela move-se para os lados como o caranguejo, e constantemente tece como a aranha: seu movimento termina em direção ao ziguezague, o qual, como no caso dos insetos, constitui uma organização, com meios e maneiras, modos e truques, baseada em variedade e variação, imaginário moderno, clips, tiros e o intermitente. Nessa diversidade o ziguezaguear é natural, antenado com o tempo em que vivemos.

Nossa poesia é difícil de ler, nós somos razoavelmente desconhecidos e isolados, não vendemos, não ganhamos dinheiro, muitos de nós estão duros (felizmente eu não estou), somos constituídos de diferentes raças, sexos, orientações sexuais, religiões, nacionalidades e etnicidades, e enquanto escrevemos nossas performances estão em todo lugar, mas somos realistas em vários sentidos: há uma forma de sabedoria neobarroca que sabe viver, ou talvez sobreviva, no mundo moderno. Nosso trabalho é amplo e andrógino, difícil de localizar. Aceitamos, por razões didáticas, a etiqueta neobarroca, ainda que rejeitemos tal limitação. Essa poesia funciona como uma sintaxe em distorção, contém um vocabulário rico, mistura níveis bem como peculiaridades nacionais do espanhol e/ou português, às vezes sendo regional e às vezes universal. Essa linguagem mista é "neo-ricana", chicana, peninsular, mexicana, colombiana, nordestina, e recorre abertamente a expressões em esperanto, às línguas européias, grego, latim ou, no meu caso, iídiche e dialetos cubanos. Wilson Bueno, o poeta brasileiro de Curitiba, combina portunhol (uma mistura de português e espanhol) com a língua guarani. O mexicano Gerardo Deniz é um barroco da Era Dourada combinado com mexicanismos, além de linguagem científica e pseudocientífica. Ele está à vontade ao escrever sobre o mito de Marsyas, a longínqua Belle Époque ou *La nouvelle Héloïse* de Rousseau. O argentino Néstor Perlongher opera em um mundo dos travestis, enquanto o uruguaio Roberto Echavarren dirige sua atenção e linguagem ao mundo homoerótico, como em seu poema *A dama de Shangai*. Tamara Kamenszain é uma poeta argentina que exalta o teatro nô japonês, e o brasileiro Haroldo de Campos está mais à vontade dentro da Via Láctea do que nesta terra, a mesma terra que tomou seu corpo e o enviou para a Via Láctea. A mexicana Coral Bracho escreve sobre o que segue pelos interstícios e no subsolo, e não sobre idéias políticas atuais. O argentino Reynaldo Jiménez escreve sobre musgo, miniaturas, barulho incidental à John Cage, ou a circularidade do nada, mas não sobre as tradições do tango, os pampas e o chá mate. O uruguaio Eduardo Espina é um poeta denso, altamente comprimido, trágico enquanto cômico e cômico enquanto trágico: para lê-lo você precisa de paciência, uma paciência, posso assegurar, que é recompensadora. Para ler qualquer um de nós, você precisa da perícia e paciência devotada que é requerida para ler o *Finnegans Wake* de Joyce, o *Igitur* e *Un coup de dés* de Mallarmé ou o *Tender buttons* de Gertrude Stein (uma gíria, aliás, que significa clitóris). Gertrude Stein diz, por exemplo, "jantar é oeste". Que sentido pode-se tirar disto? Talvez mais do dizer, nesse ponto da história da literatura, que jantar é agradável, que jantar num restaurante caro me deixa feliz, ou simplesmente descrever, à maneira de Zola ou Balzac, de modo naturalista, cada um e todos os elementos que compõem um restaurante como realidade física: uma descrição morosa, de movimento lento, que segue lado a lado com um desdobrar realista, demasiado humano, tudo demasiado humano, textualmente, na página. No meu caso, eu recombino minhas origens judaicas com a minha nacionalidade cubana, minha experiência americana, minha devoção pela cultura e literatura ocidentais, para produzir um trabalho que eu considero transnacional e multicultural. Eu não sou apenas o que eu como, eu sou também, e talvez na maior parte do tempo, o que eu leio (e tenha em mente que eu normalmente leio seis horas por dia, enquanto gasto trinta minutos em média comendo, excluindo o vinho).

Nossos antecessores liam com intensidade e devoção: estamos perfeitamnete alertas da voracidade de leitura de poetas tais como Lezama Lima, Jorge Luis Borges, Haroldo de Campos e Octavio Paz; ainda que haja uma diferença nas nossas divergentes experiências da leitura. Para colocá-lo francamente, também lemos revistas em quadrinhos. Lemos e utilizamos em nosso trabalho secretamente[4] a literatura, os assim chamados *culebrones* ou novelas, digerindo, regurgitando e ventilando todas essas questões baratas. Para dar um exemplo, publiquei recentemente no México um livro pequeno contendo os poemas e textos em prosa que tenho escrito ao longo dos anos em homenagem a Franz Kafka. O título é *Un caso llamado FK* (*Um caso chamado FK*). Enviei o livro a Contador Borges, um jovem poeta brasileiro que intitula-se, ele mesmo, Borges, o Menor. Ele escreveu de volta para contar sobre um paralelo que encontrou entre alguns de meus textos em prosa e *Bat Masterson*. Imagino Kafka se mexendo no túmulo, ou talvez Bat Masterson. Talvez o sr. Contador estivesse sendo jocoso, talvez estivesse a desbancar[5] meus textos, o que não me importo, já que eu penso que é tudo para o bem da poesia; em qualquer situação, e isso eu gostaria de enfatizar: sua leitura é uma forma aberta, extrema de leitura, tipicamente neobarroca. Ela não teme uma interpretação *kitsch*, nem uma brincadeira com o texto, no sentido de que a literatura não é uma questão rígida, sem plasticidade. O poeta cubano Eugenio Florit alega que passou os últimos anos da sua vida lendo Goethe. Acredito que sim. Não que ele fosse um especialista, mas pertenceu a uma geração mais antenada com o clássico. Nós, entretanto, pertencemos a um período na história que é antenado com o clássico, mas também com o detrito, antenado com a ordem e também com o caos. Nós lemos de uma forma dispersa, de alguma forma descontrolada e multidirecional. Não posso conceber um poeta neobarroco passando os últimos anos da sua vida a ler um único autor ou um único tema, sem constantemente desviar sua leitura. Recentemente, enquanto estive no México, estava caminhando com David Huerta, e lembro claramente que começamos a conversar, entusiasticamente, sobre o trabalho de Haroldo de Campos, e terminamos discutindo certos aspectos de Berceo, incluindo antes a

---

4) Secretamente. *Sub-rosa* no original em inglês: adjetivo, significando secreto, confidencial, privado. *Sub rosa* (sem o hífen), torna-se um advérbio (secretamente). A palavra provém do latim; literalmente "sob a rosa", da associação ancestral de rosa com confiança, cuja origem refere-se à uma famosa história na qual Cupido deu a Harpocrates, o deus do silêncio, uma rosa para suborná-lo para que não traísse a confiança de Vênus. (N.T.)

5) Desbancar. No original, *debunk*: remover falsamente a boa reputação de uma pessoa, instituição, etc.; expor ou alegar falsidade. (N.T.)

sua religiosidade de mente aberta e alguns aspectos do seu dito antisemitismo. O que então moveu-nos para o anti-semitismo de Quevedo e sua rejeição particular da poesia de Góngora. Também contamos piadas, eu mesmo explicando alguns aspectos esotéricos dos gracejos cubanos, e Huerta explicando a forma como os *albures* mexicanos operam (estas são piadas altamente distorcidas, a maioria baseada em trocadilhos e dispositivos de linguagem). Assim, lemos e discutimos literatura "a salto de mata", ou pulando molduras, desviando de uma coisa para outra. O ensaísta americano, tradutor dos clássicos e escritor de prosa Guy Davenport (para mim, um dos escritores vivos mais importantes do país) diz que lê ao longo do dia textos diferentes de acordo com a passagem das horas, a estação do ano, o seu humor, até mesmo precisando mudar de quarto, posição e lugar de leitura (às vezes uma cadeira, às vezes o sofá, outras vezes a cama), de acordo com o material. Parece-me que é como um poeta neobarroco lê. Eu, por exemplo, iniciarei o dia lendo poesia, então gastarei horas lendo ficção, depois disso normalmente leio um capítulo da Bíblia (obviamente ambos os testamentos), umas poucas páginas de dicionário ou uma enciclopédia (estou atualmente lendo um enorme dicionário de religiões), gasto algum tempo lendo os novos, os quais normalmente enviam-me seus livros para uma opinião ou para compartilhar planos e termino o dia novamente lendo ficção. Também todo dia leio alternando espanhol e inglês. Todos os poetas neobarrocos com quem estou em contato lêem dessa forma. Eles nunca escolhem um escritor e lêem ele ou ela sistematicamente; de preferência, como disse antes, a tendência é pular de uma coisa para outra, e incluir todos os possíveis gêneros literários. Tudo se encaixa na nossa poesia, nada é, em princípio, descartado. O descartado, desperdiçado, lixo, o rejeitado, é uma parte do meu texto, e muitas vezes é o texto.

Para dar uma visão mais concreta sobre o que estamos fazendo, deixe-me recorrer ao didático, e de alguma forma criar superficialmente três modelos básicos (aqui quero sublinhar a palavra básico). Eu gostaria de nomear três modelos ou categorias como Pesado, Meio Pesado (ou talvez Meio Leve) e Leve. Tentarei dar a vocês agora uma caracterização do trabalho dos poucos poetas neobarrocos que encaixo em cada uma das categorias acima mencionadas. Para o Pesado apresentarei a poesia de Gerardo Deniz, Wilson Bueno, Eduardo Espina e Reynaldo Jiménez. Para o grupo

Médio introduzirei o trabalho de Roberto Echavarren, Néstor Perlongher e Coral Bracho. E finalmente prosseguirei para caracterizar os trabalhos separados de dois poetas Leves do neobarroco, David Huerta e Raúl Zurita. Todos esses poetas são densos e complexos, difíceis de seguir e digerir, ainda que a textura dos seus materiais mova-se do Leve para o Pesado. O que eles escrevem, se comparado, por exemplo, com a antipoesia de Nicanor Parra, falta em firmeza, uma unidade de forma e conteúdo, uma cronologia. Pegue um poema de Parra e perceba sua estrutura silogística: ela move-se para dentro, linha por linha, especificando, empurrando linearmente adiante da premissa principal para a secundária, para uma conclusão ou final[6] dramático. Ela normalmente termina com uma frase de efeito[7], um impacto final que num sentido é pragmático; seu propósito é chutar o traseiro dos burgueses. No caso do poeta neobarroco, o procedimento de estratégia é lateral, não pragmático; de margem afiada ou propositalmente achatada, destacada ou falsamente emocional, não contendo nenhuma história ou usando a história como pretexto para exploração da linguagem. Pode ser uma construção de margem inerte mais do que um entablamento[8] perfeitamente encaixado e unido. Sem lascas aqui.

Gerardo Deniz (Espanha, 1934, tem vivido a maior parte da sua vida no México). Sr. Deniz será o meu primeiro exemplo de um poeta neobarroco espesso. Ele é, de fato, espesso como chumbo. Rabugento. Isolado. "No se casa con Dios ni con el Diablo", significando que ele não quer saber de Deus ou do Diabo, ainda que sua poesia misture ambos. Seu trabalho segue, persegue, suas próprias regras internas, usando muitas vezes piadas privadas, *nonsense* e palavras que não existem (de *detritus* ele cria *letritus*, o título de um dos seus livros). Ele foge, na sua poesia, do moralismo barato, do coloquial ou do partido político. Poesia, ele alega, não é uma especialidade: em vez disso ela integra-se ao não suprimir os materiais ausentes estando ali justamente por enfatizar a ausência. Ignorar não é ignorância ou

---

6) Conclusão ou final. *Punch line* no original: linha final de uma piada, que produz o efeito de um soco (*punch*). (N.T.)
7) Frases de efeito. No original: *Denouement*. A resolução final ou esclarecimento de uma narrativa dramática. (N.T.)
8) Entablamento. *Entablature*, no original inglês. Seção superior de um edifício clássico, sustentado sobre colunas e constituído de arquitrave, friso e cornija. (N.T.)

a brincar, do espanhol "pular em torno", como cachorros tendem a fazer, e a brinquedo, desde que todo o texto é um jogo de linguagem ocorrendo em três línguas: português, espanhol (misturado com portunhol) e guarani. Você pode dizer que o texto é escrito em quatro em vez de três línguas, desde que o portunhol, aquele híbrido, torna-se um só, e assim surge uma quarta língua, sinto, com um grande futuro. A língua é o personagem principal do livro; essa língua é um lugar sem lugar, um *U-topos*, a instância utópica (pelo tempo ser inexistente) como possibilidade. Wilson Bueno escreve: "matar ô morir, su encendido furor cerca de la muerte e sus águas, Itacupupú, chia, chia, tiní, chiní, sus águas de pura agonia". Em que, graficamente, ele converte espanhol em português, colocando acentos em palavras tais como ô, águas, ou o oposto, omitindo o acento na palavra "agonia", uma palavra que significa o mesmo nas duas línguas, mas que ele utiliza no sentido espanhol.

Eduardo Espina (Uruguai, 1954). Criador do termo "barrococó", um termo além do moderno e popular "rococó", seu trabalho está entre um dos mais difíceis de ler: Claudio Daniel, meu tradutor para o português, que é talvez um dos poetas brasileiros que mais têm trabalhado para criar uma ponte de comunicação verdadeira entre o Brasil e a América Espanhola, estava à beira do suicídio quando traduzia Espina. Eu disse que ele se mudasse para um hospício por uns tempos, então acharia mais fácil traduzi-lo (e imagine, isto é traduzir Espina do espanhol para o português, uma língua não tão divorciada da original). Espina utiliza o contingente e banal de forma a tentar e alcançar o transcendental; ele vandaliza a realidade para mostrar a banalidade; ação e unidade são desmembrados; o esnobismo é colocado em evidência, de forma a corroê-lo. A feiúra é vingada. As palavras estão reunidas num cerco sufocante, a página quadrada claustrofóbica de Espina. A ruptura é a sua estratégia básica, ele altera e alterna, de modo que quando escreve uma série de "homenajes" (elogios), eles são dedicados a Emily Dickinson, Walt Whitman e Colombo, mas também ao Super-Homem. Um poeta altamente sintético, em Espina, o título e o subtítulo de um poema jogam um papel antagonista, às vezes não relacionado, contendo tanto beleza mágica, poética, riso e embaraço quanto o poema inteiro. Seu trabalho testa o limite da gramática lógica e seqüenciada, mutila-a em um processo escorregadio

rejeição, mas uma forma de sublinhar o que é realmente importante. Dessa forma, um *ethos*, sim; moralidade barata, não. Sua poesia derrama o novo em formas antigas, criando reservatórios que encerram uma diversidade de conteúdos. Deniz dificilmente poderia ser chamado de ortodoxo; ainda assim, ele conhece muito bem a sua teologia, está à vontade com a história de diferentes religiões e cultos, seu vocabulário é bastante abrangente e pode mover o texto de dentro de uma igreja onde está ocorrendo uma missa católica às montanhas do México onde alguém está experimentando peyote. Ele constantemente recorre a arcaísmos, expressões raras, localismos e terminologia científica e técnica (por anos tem sido tradutor de ciência e ficção sob o seu nome verdadeiro, que é Juan Almela. Gerardo Deniz é um pseudônimo, em que Deniz é uma palavra turca que significa mar). Suas experiências de vocabulário lidam com o teológico e o metalingüístico, com o assim chamado "feísmo" ou a defesa do feio, do repugnante. Ainda assim ele usa rima interna: pode rimar e escrever um soneto perfeito. Para ele nada é permanente, o imutável é apenas possível, ironia e sarcasmo são armas para a sobrevivência, e a pobreza, a pobreza de verdade é preferível a ter que perder tempo com imbecis. Para Deniz, percebo, pouquíssimas pessoas não são imbecis. Ele é agora lendário, vive sozinho com os seus gatos e talvez compartilhe com eles sua comida. Parece-me que ele concordaria com Paul Bowles, quando ele diz em *The spider's house* "que há muitos ângulos diferentes, todos eles mais ou menos igualmente válidos, dos quais podemos olhar para uma simples verdade;" e que não há "um só modo de expressão, um só estilo, que pudesse apropriadamente ser identificado" como dele. É como se Deniz não tivesse escrito os poemas de Deniz mas, em vez disso, eles simplesmente escreveram-se para obliterá-lo.

Wilson Bueno (Brasil, 1949). Uma poeta brasileiro de Curitiba escreve, de forma bastante curiosa, um livro chamado *Mar paraguayo*. Dificilmente acontece algo, em termos de narrativa, nesse livro. O que acontece é uma aura, infernal, sentida, elucidada, como remorso e solitude: há um encontro carnal, breve, mágico, no qual uma mulher madura ama um jovem, um amor tingido com o homoerótico bem como com o heterosexual, intercalada com raiva e compaixão por um homem velho e decrépito, um homem que a "heroína" desse texto tem que cuidar. Há um cachorro chamado Brinks, uma alusão sem fim que dificilmente alcança um alvo, já que não há nenhum alvo de que se possa falar.

Reynaldo Jimenez (Peru, 1959). Tem vivido a maior parte da sua vida na Argentina, sendo considerado um poeta argentino). Jiménez é também um ensaísta e editor; eu gostaria de rotular sua poesia, junto com o trabalho da poeta mexicana Coral Bracho, como "microscopista". Usando um sistema de eco, e operando com a textura fônica das palavras, Jiménez move-se da superfície para o interior, da magnitude para a infinidade microscópica. Ele prolifera a linguagem como musgo, umidade, uma esponja toda absorvível que se nutre com o transformar de todo o invisível, ou vida minimizada. Um amor por interstícios, galáxias ou palavras relacionadas, saltando de uma para outra através da paronomásia. Seus poemas são um labirinto poroso, um cosmos do quase nada, o interior da camada mais interna; um cosmos a ser obsessivamente explorado, já que "desde la mano/ hasta la mano, se reparte el cosmos:" ("da mão/ até a mão, se reparte o cosmos:"). Cada dobra é um aspecto de expressão, obviamente expressão poética, e sua totalidade, um movimento no qual as palavras são seres em constante fluxo, cadeias de multiplicação ingerindo e sendo ingeridas, um movimento que é não-categórico e instável, uma especificidade que não pode ser retida.

Agora deixe-me exemplificar um segundo modelo de neobarroco, aquele que eu denomino Meio Pesado ou Meio Leve, dizendo, para começar, umas poucas palavras sobre a poesia de Roberto Echavarren (Uruguai, 1944). Um poeta, teórico do neobarroco (junto com Milán, Espina e Kamenszain), um tradutor e um acadêmico de amplo leque de interesses, a poesia de Echavarren alterna entre a subjetividade intensa e a objetividade intensa: sua linguagem tende a ser densa, ainda que intocada[9] e luminosa, e porosa o bastante, de modo que lê-lo não é tão difícil como, digamos, ler Deniz, Espina ou Jiménez. Ele não opera num estilo determinado, através de insinuação e sedução, mas antes como uma continuidade de estilos já mutáveis que criam uma pluralidade de maneiras (e às vezes, maneirismos) dentro da

---

9) Intocada. No original, *pristine*: remanescente de um estado puro, não corrompido pela civilização; prisco. (N.T.)

armação do neobarroco. Sua poesia é nômade, mesmo que a sua tribo não viva apenas no deserto; também vive nas grandes cidades do mundo, seus museus, nas ruas que vagueiam, o perigo da vida noturna no obscuro e secretivo mundo marginal urbano onde os travestis, os rejeitados, os oprimidos vivem. Echavarren pode fazer poesia de uma pintura de Ingres, Antinous como um emblema homoerótico, um filme de segunda classe, videoclipes, Mênfis, Egito, ou Nova Iorque, fazendo trocadilhos e jogando com duplos sentidos de forma a expor os múltiplos níveis das realidades transcendental e diária: "¿Su papá no fue un papito?" escreve Echavarren, o que quer dizer, "Não era o seu pai um papito?" onde papito pode significar tanto um pai terno, amável como um gigolô ou cafetão.

Néstor Perlongher (Argentina, 1949-Brasil, 1992, uma vítima de AIDS). Perlongher escreve nos seus primeiros poemas — sobre o império austro-húngaro — colocando contexto num espaço transnacional, não identificável. Ele irá misturar, no seu trabalho futuro, a fala argentina e brasileira, história tradicional com o presente. Perlongher recorre, tematicamente, à revolução dos costumes (ele era um sociólogo), militarismo latino-americano, o culto da droga, AIDS e Evita Perón, a quem ele denomina a deusa prostituta, de forma a excluir[10] a realidade, talvez excluindo a AIDS. A arte está ali não para retratá-la fotograficamente mas para deflagrar a continuidade já mutável da realidade inapreensível, e uma frustração da linguagem que já está presente quando tenta capturar o fluxo do histórico, poético e/ou real na realidade. De propósito, por vontade própria, Néstor Perlongher confunde as chamadas idéias claras, movendo-as para a margem, na esperança de injetá-las com uma claridade nova, mais atual. Sua poesia questiona a identidade sexual, gênero literário, respondendo se algo é prosa ou poesia, ou se alguém é homem ou mulher, com ironia, irritação, riso, e é claro, ambigüidade. A ambigüidade da poesia moderna, a qual ao questionar a si mesma, termina lidando com o conhecimento, ambiguamente.

---

10) Excluir. No original, *Rat race*: expressão que refere-se à atividade difícil, rotineira, competitiva do cotidiano. (N.T.)

Coral Bracho (México, 1951) é rizomática mais do que arbórea. Sua poesia move-se microscopicamente e sob a terra, desdobra-se em múltiplas direções e no entanto permanece sem raízes. A água aparece, irrompe, de forma a apagar, reescrever, e então apagar de novo: um palimpsesto. Um palimpsesto baseado em variedade lingüística, liberdade rizomática, a aventura subterrânea, à procura do microscópico, de fato poesia aquática, um festival de questões e materiais escorregadios. Ela desconsidera a pontuação muitas vezes para acentuar a umidade da realidade escorregadia, sexualidade que não é congelada ou cristalizada, mas um receptáculo de formas sempre em mudança. Ovidiana na sua natureza. O líquido é seminal e jovial, segue nos contornos da página e do corpo feminino. Ele emerge e desaparece. O poema, é claro, é tudo o que resta: uma densidade de fluidez, uma linearidade do rizoma.

Agora vou mudar para o terceiro e último modelo de poesia neobarroca, aquele que chamo Leve. Começarei com o trabalho de David Huerta (México, 1949). Ele gosta de mover-se entre sons, espelhos e o visual (Huerta tem colaborado com vários pintores mexicanos e publicado, ao longo dos anos, livros com o seu trabalho e o trabalho deles). O seu é um verso longo, espiralado, desdobrado, narrativo e próximo da prosa, sempre à margem dos gêneros literários. Seu método básico consiste em especificar para dissolver, afirmar para negar, usando a linguagem com o entendimento que a linguagem é o instrumento de criação bem como o seu obstáculo: nós lemos através da linguagem, ainda que toda leitura seja uma desleitura. "Yo era un truco." ("Eu era um truque."), diz Huerta, precisamente para indicar que o poema é um simulacro da realidade, e dele mesmo. Na melhor das hipóteses, tudo o que você dispõe é de uma tentativa de um entendimento próximo, uma reconfiguração próxima do desconhecido. A escrita como pureza do texto não existe para Huerta, de forma que o poema nunca corresponde à natureza do mundo, ou da Realidade; ele antes expressa-se sem um excedente da página: um nele mesmo que pode prolongar-se até o dia do julgamento, na página (aqui, por exemplo, sinto-me tentado a escrever a palavra página em maiúsculo).

O outro exemplo neobarroco de um poeta mais leve que eu gostaria de introduzir é Raúl Zurita (Chile, 1951). Seu trabalho pode ser caracterizado pelo seu experimentalismo audacioso, a tentativa na novidade, protesto social sem uma forma ideológica fechada, um sentido de performance que é contínuo e, do ponto de vista biográfico, uma necessidade ou pelo menos um desejo de exibir seu próprio corpo como um exemplo de leitura próxima entre o corpo e a página escrita: o que acontece na página deve acontecer no corpo. Desse modo, se na sua poesia Zurita arde com as palavras, em outro ponto ele irá tomar um ferro pré-aquecido e queimar a sua própria bochecha de forma a deixar uma marca na sua carne. Exibicionismo, por um lado; performance pelo outro; mas acima de tudo, compromisso em termos de uma junção entre a vida de um e o trabalho do outro: sem clivagem aqui. Se ele tenta se destruir a si mesmo, ou no mínimo um fragmento dele mesmo, ele o faz para mostrar uma percepção dolorosa do mundo moderno, com a sua política suja, suas manipulações egoístas, a loucura de uns poucos contra a indiferença de muitos. Às vezes Zurita trabalha com axiomas matemáticos, às vezes ele introduz a dura realidade geográfica do seu país (como nos seus adoráveis poemas sobre o deserto do Atacama), às vezes ele honra a poesia chilena tradicional usando as diferentes formas de Gabriela Mistral, Neruda, Pablo de Rokha, Gonzalo Rojas e Nicanor Parra. A sua é uma fragmentação contínua, um texto afirmando ele mesmo, então contradizendo a declaração, depois reafirmando contra a contradição: um fluxo heracliteano que nunca termina. Dessa forma, nunca se alcança o significado como consolidação para todo o significado; a visão permanece difusa e rachada[11]; a sintaxe é pervertida, alterada, realterada, trazida de volta à normalidade. No seu rosto Zurita exibe a paisagem do Chile, seja ela montanha ou deserto; as rasuras, apagamentos, manchas da página escrita também mostram, desempenham e cantam nas suas bochechas.

Charles Ives, o grande compositor americano, dedicou um ensaio lúcido à Thoreau, no qual, em um momento, ele diz: "Ele parece [Thoreau] antes deixar a Natureza colocá-lo debaixo do seu microscópio do que colocar o seu debaixo dele". E acrescenta: "O estudo da natureza tende a tornar alguém dogmático, mas o seu amor pela

---

11) Difusa e rachada. No original, *Dog beats dog*, é uma expressão idiomática que significa uma briga de cães ou uma "briga feia". (N.T.)

Natureza certamente não". Aqui, nós simplesmente teríamos uma boa visão do credo que um poeta neobarroco expressa no seu trabalho; no qual ele é um instrumento da poesia e não poesia, um ceramista humilde e um artesão no trabalho, e não um criador, a mão do tingidor, digamos, antes do que o fazedor de tinta. Movendo debaixo do microscópio da poesia, o poeta neobarroco escreve microscopicamente, enquanto inscreve-se no macrocosmo. E esse é o poeta que não o faz dogmaticamente, mas antes por amor. Assim, um sumário da poesia neobarroca incluiria noções tais como dispersão, a reapropriação de estilos formais, estilos que movem-se em paisagens bárbaras, onde as ruínas são reunidas, uma escrita onde o *trobar clus* e o hermético proliferam, onde há grande turbulência, misturas nãonaturais, uma alegria engrenada para combinar linguagens, a dissolução do sentido unidirecional, sem aplauso para o *self* ou o ego ou o eu; polifonia, polivalência e versatilidade, utilização de estilos anteriores de forma a desconstruí-los, criando uma verdadeira explosão de diferentes formas de escrita, um terreno de materiais, uma assinatura em direção ao feio, ao sórdido, ao reciclável, tudo aquilo caracteriza o neobarroco. De fato, essa é uma poesia que, na sua diversidade, trabalha por amor e não pelo bem do dogma como imposição.

Eu gostaria de terminar dizendo que, desde a morte de Octavio Paz e Haroldo de Campos, não há mais vacas sagradas quando se trata de poesia na América Latina. Quando eu digo vacas sagradas não quero dizer isto derrogatoriamente, mas simplesmente com a descrição de uma situação histórica. Nossos antecessores, quer sejam Neruda, Huidobro, Vallejo, Lezama, ou Paz, eram percebidos como grandes, grandiosos, nunca intermutáveis, tão separados como rochas na paisagem. O que se tem agora, por outro lado, é um novo fenômeno: um grupo de poetas (eu posso facilmente mencionar quarenta, cinqüenta deles que leio com respeito e interesse crescente) cujos membros não são considerados discordantes um do outro, um deles sendo melhor poeta que os demais; em vez disto, eles são considerados pelos seus colegas como *Primus inter pares*, não seixos mas pedregulhos, onde em vez de competição você tem um grupo híbrido, ideologicamente nu, felizmente ou infelizmente produtivo, cada um sentindo a presença dele ou dela e trabalham para ser um primeiro entre primeiros, de forma que ninguém é diminuído. Há, eu imagino, um nível de identificação no que estou dizendo; ainda sinto que estamos sendo movidos por forças históricas que estão divorciando-se da luxúria excessiva, vaidade, egolatria. Quando eu era mais jovem, certa vez, estava caminhando pela Oitava Avenida, Greenwich Village, Nova Iorque, com um famoso poeta latino-americano. Em um dado momento ele me agarrou pelo braço e disse: "José, você não acha que eu bato Vallejo por um nariz?" Eu olhei para ele e instintivamente respondi: "Por favor, lembre-se que o seu nariz é achatado". ("No te olvides, por favor, que eres ñato"). Obviamente, ele nunca falou comigo novamente. Eu não me importei e eu não me importo com esse dia. Eu não penso que a poesia seja uma competição ou uma briga feia. Ao contrário, a poesia para mim é uma experiência no Desconhecido, uma procura pela beleza, conhecimento e sabedoria por meio do mistério de uma linguagem complexa, multidimensional, simultânea, que em certo ponto é recebida, transmitida e ainda não completamente compreendida ou rigidamente controlada pelo poeta.

Tradução de Virna Teixeira
abril de 2004

CARLOS RODRÍGUEZ ORTIZ

Carlos Rodríguez Ortiz nasceu em Santo Domingo (República Dominicana), em 1951, e faleceu em Nova York (EUA), em 2001. Publicou *El ojo y otras clasificaciones de la magia* (1994), que ganhou o Prêmio de Poesia Pedro Henriquez Ureña. Foi um dos fundadores da revista *De Azur*. Deixou inéditos: *El West End Bar y otros poemas; Puerto gaseoso* e *Volutas de invierno*.

ENVELOPE

Depois da experiência do mercúrio enquanto
a suas fissuras e tentáculos aparece um envelope branco
discretamente rajado.
Vai o senhor e se afasta com a mão no chapéu.
Rangem os occipitais sob o embaraço da última fibra
e está distinto o panorama, sereno, escuro como esta nota de outono.
É caso, fogo cortado o filtro cheio de líquido branco e espumoso.
Assim o distante de si mesmo, o ácido do vôo
agora que me salpico de verniz e aclaro minha posição de unhas mansas.
Declaro-me tal qual sou sem precisamente sujeitar-me em meus níveis.
Ousam as asas em um deserto panorama onde atino a neutralidade
e oprimo vida e morte.

New York, Oct. 13-96 (Under Hill)
Tradução: Claudio Daniel

SOBRE / *Después de la experiencia del mercurio en cuanto / a sus fisuras y tentáculos aparece un sobre blanco / discretamente rayado. / Va el señor y se desplaza con la mano en el sombrero. / Crujen los occipitales bajo el embarazo de la fibra última / y está distinto el panorama, sereno, oscuro como este renglón de otoño. / Es caso, fuego cortado el filtro lleno de líquido blanco y espumoso. / Así el distante de sí mismo, lo ácido del vuelo / ahora que me salpico de barniz y aclaro mi posición de uñas mansas. / Me declaro tal cual soy sin precisamente sujetarme en mis niveles. / Osan las alas en un desierto panorama donde atino la neutralidad / y oprimo vida y muerte.*

CALÇADAS SEM SAPATEADOS

Vou cortar os olhos à projeção (as asas do vôo,
como indicaram outros) e operar desde outro plano, assobradado.
Minha casa é talvez muitos lugares.
Construiu seu fac-símile andando pelas avenidas,
entrando em lojas amarelas queimadas pelo norte
com a mão no bolso, contando meus cobres e observando
esta vendedora de tez negra que diz palavras
ininteligíveis em uma língua igualmente dourada.
Passo de uma rua a outra e há um vapor de chaminés
nos edifícios que contemplo.
Sigo rua adentro e sigo divisando as coisas que me parecem
familiares (por meu hábito de vê-las).
Finalmente regresso a minha casa e cumprimento algumas pessoas.
Os varredores escondem suas vassouras depois de uniformizados
e param na calçada e às vezes não cumprimentam.
Dou a eles a linguagem agradável de meus lábios, a Darío e aos
outros que bebem o dia em seus copos de água de cevada.
Volto então.
Aguarda outro recinto, a casa referida e não esta, dissolvida
na abstração.
Villa Carmela de Sobrenome Samper.
Isso que fica dos olhos o relógio olfateia.

ACERAS SIN ZAPATEOS / Voy a cortar los ojos a la proyección (las alas del vuelo, / como han indicado otros) y operar desde otro plano, entarimado. / Mi casa es quizás muchos lugares. / Construyo su facsímil andando por las avenidas, / entrando a tiendas amarillas quemadas por el norte / con la mano en el bolsillo, revisando mis monedas y observando / a esta cajera de tez negra que dice palabras / ininteligibles en una lengua igualmente dorada. / Paso de una calle a otra y hay un vaho de chimeneas / en los edificios que contemplo. / Sigo calle adentro y sigo divisando las cosas que me resultan / familiares (por mi hábito de verlas). / Finalmente regreso a mi casa y saludo a alguna gente. / Los barrenderos esconden sus escobas después de uniformados / y se paran en la acera y a veces no saludan. / Les doy el lenguaje agradable de mis labios a Darío y a los / otros que se beben el día en sus jarras de cebada. / Vuelvo entonces. / Espera otro recinto, la casa referida y no ésta, disuelta / en la abstracción. / Villa Carmela de Apellido Samper. / Eso que queda de los ojos el reloj olfatea.

É preciso andar, atirar-se ao metrô e aguardar as páginas surradas de uma ruela chamada Tiemann Place.
Aí está a luuuuuu ah!

Tradução: Claudio Daniel

Hay que andar, echarse al metro y esperar las páginas ajadas / de una calleja llamada Tiemann Place. / Ahí está la ¡luuuuuu nah!

CORAL BRACHO

Coral Bracho nasceu na Cidade do México (México), em 1951. Publicou os livros de poemas *Peces de Piel Fugaz* (1977), *El Ser que Va a Morir* (1981), *Tierra de Entraña Ardiente* (1992), em colaboração com a artista plástica Irma Palacios, e *Ámbar* (1998). Seus dois primeiros livros foram reunidos no volume *Bajo el Destello Líquido* (1988). Também há uma coletânea editada pela Secretaria de Educação Pública que reúne seus primeiros títulos, *Huellas de Luz* (1994). Além de poeta, Coral Bracho é tradutora, tendo publicado uma versão de *Rizoma*, de Félix Guattari e Gilles Deleuze.

ÁGUA DE BORDAS LÚBRICAS

Água de medusas,
água láctea, sinuosa,
água de bordas lúbricas; espessura vitrificante — Deliqüescência
entre contornos deleitosos. Água — água suntuosa
de involução, de languidez

em densidades plácidas. Água,
água sedosa e plúmbea em opacidade, em peso — Mercurial; água
suspensa, água lenta. A alga
aquática dos brilhos — Nos úberes do gozo. A alga, o hálito de seu
cimo;

— sobre o silêncio arqueante, sobre os istmos
do basalto; a alga, o hábito de seu roçar,
seu deslizar. Água luz, água peixe; a aura, a ágata,
seu transbordar luminoso; Fogo rastreante o alce

fugidio — Entre a ceiba, entre o cardume; chama
pulsante;
água lince, água pargo[1] (O jaspe súbito). Lume
entre medusas.

— Orla aberta, labiada; aura de bordas lúbricas,
sua lisura que embala, sua florescência ao aninhar; anfíbia,
lábil — Água, água sedosa
em imantação; em riste. Água suspensa, água lenta — O lascivo alumiar

---

AGUA DE BORDES LÚBRICOS / Agua de medusas, / agua láctea, sinuosa, / agua de bordes
lúbricos; espesura vidriante — Delicuescencia / entre contornos deleitosos. Agua — agua
suntuosa / de involución, de languidez / en densidades plácidas. Agua, / agua sedosa y
plúmbea en opacidad, en peso — Mercurial; agua en / vilo, agua lenta. El alga / acuática
de los brillos — En las ubres del gozo. El alga, el hálito de su cima; / — sobre el silencio
arqueante, sobre los istmos / del basalto; el alga, el hábito de su roce, / su deslizarse. Agua
luz, agua pez; el aura, el ágata, / sus desbordes luminosos; Fuego rastreante el alce / huidizo
— Entre la ceiba, entre el cardumen; llama / pulsante; / agua lince, agua sargo (El jaspe
súbito). Lumbre / entre medusas. / — Orla abierta, labiada; aura de bordes lúbricos, / su
lisura acunante, su eflorescerse al anidar; anfibia, / lábil — Agua, agua sedosa / en
imantación; en ristre. Agua en vilo, agua lenta — El alumbrar lascivo

no vadeante oleoso
sobre os sulcos no basalto. — Rastejar da opala entre a luz,
entre a chama interna. — Água
de medusas.
Água blenda, lustrosa;
água sem pegada; densa,
mercurial
sua brancura acerada, seu diluir-se em irrupção de grafite,
em despontar de cadoz²; furtiva, suave. — Água viva
seu ventre sobre a testa, derramado sol de bronze envolvendo
— água blenda, brotante. Água de medusas, água táctil
fundindo-se
no anil untuoso, em seu favo reverberante. Água amianto, ulva
O bagre na molície
— libando; no humor nutriz, entre seu néctar delicado; o áureo
açude, o limbo, o transluzir. Água leve, aura adentro o âmbar
— o luminar ungido, esbelto; o tigre, sua preamar
sob a sombra vidrada. Água limite, água enguia lambendo seu perfil,
seu transmigrar noturno
— Entre as sedas matriciais; entre a salva³. — Água
entre merluzas⁴. Água grávida (— O calmo roçar
tíbio; seu irisável) — Água
suas bordas

en lo vadeante oleoso, / sobre los vuelcos de basalto. — Reptar del ópalo entre la luz, / entre la llama interna. — Agua / de medusas. / Agua blenda, lustrosa; / agua sin huella; densa, / mercurial / su blancura acerada, su dilución en alzamientos de grafito, / en despuntar de lisa; hurtante, suave. — Agua viva / su vientre sobre el testuz, volcado sol de bronce envolviendo / — agua blenda, brotante. Agua de medusas, agua táctil / fundiéndose / en lo añil untuoso, en su panal reverberante. Agua amianto, ulva / El bagre en lo mullido / — libando; en el humor nutricio, entre su néctar delicado; el áureo / embalse, el limbo, lo trasluce. Agua leve, aura adentro el ambar / — el luminar ungido, esbelto; el tigre, su pleamar / bajo la sombra vidriada. Agua linde, agua anguila lamiendo su perfil, / su transmigrar nocturno / — Entre las sedas matriciales; entre la salvia. — Agua / entre merluzas. Agua grávida (— El calmo roce / tibio; su irisable) — Agua / sus bordes

— Sua lisura mutante, seu intoxicar-se[5]
entre o núbil
cadenciado. Água,
água sedosa de involução, de languidez
em densidades plácidas. Água, água;   Seu gozo
— Água lontra, água peixe. Água
de medusas,
água láctea, sinuosa; Água,

Tradução: Claudio Daniel

— *Su lisura mutante, su embeleñarse / entre lo núbil / cadencioso. Agua, / agua sedosa de involución, de languidez / en densidades plácidas. Agua, agua; Su goce / — Agua nutria, agua pez. Água / de medusas, / agua láctea, sinuosa; Agua,*

NA UMIDADE CIFRADA

Ouço teu corpo com a avidez saciada e tranqüila
de quem se impregna (de quem
emerge,
de quem se estende saturado,
percorrido
de esperma) na umidade
cifrada (suave oráculo espesso; templo)
nos limos, açudes tíbios, deltas,
de sua origem; bebo
(tuas raízes abertas e penetráveis; em tuas costas
lascivas — lodo fervente — landas[6])
os desígnios musgosos, tuas seivas densas
(rol de lianas ébrias) Aspiro
em tuas margens profundas, expectantes, as brasas,
em tuas selvas untuosas,
as vertentes. Ouço (teu sêmen táctil) as fontes, as larvas;
(ábside fértil) Toco
em teus vivos lodaçais, em tuas lamas: os rastros em tua frágua
envolvente: os indícios

EN LA HUMEDAD CIFRADA / *Oigo tu cuerpo con la avidez abrevada y tranquila / de quien se impregna (de quien / emerge, / de quien se extiende saturado, / recorrido / de esperma) en la humedad / cifrada (suave oráculo espeso; templo) / en los limos, embalses tibios, deltas, / de su origen; bebo / (tus raíces abiertas y penetrables; en tus costas / lascivas — cieno bullente — landas) / los designios musgosos, tus savias densas / (parva de lianas ebrias) Huelo / en tus bordes profundos, expectantes, las brasas, / en tus selvas untuosas, / las vertientes. Oigo (tu semen táctil) los veneros, las larvas; / (ábside fértil) Toco / en tus ciénagas vivas, en tus lamas: los rastros en tu fragua / envolvente: los indicios /*

(Abro
tuas coxas ungidas, ressudantes; escanceadas de luz) Ouço
em teus ásperos barros, a tua borda: os palpos[7], os augúrios
— siglas imersas; blastos[8] —. Em teus átrios:
as trilhas vítreas, as libações (glebas fecundas),
os fervedouros.

Tradução: Claudio Daniel

(Abro / a tus muslos ungidos, rezumantes; escanciados de luz) Oigo / en tus légamos agrios, a tu orilla: los palpos, los augurios / — siglas inmersas; blastos —. En tus atrios: / las huellas vítreas, las libaciones (glebas fecundas), / los hervideros.

DE SEUS OLHOS ORNADOS DE AREIAS VÍTREAS

Desde a exalação destes peixes de mármore,
desde a suavidade sedosa
de seus cantos,
de seus olhos ornados
de areias vítreas,
a quietude dos templos e os jardins

(em suas sombras de acanto, nas pedras
que tocam e amolecem)

    abriram seus leitos,
    afundaram seus canais
    sob as folhas tíbias das amendoeiras.

Dizem do tato,
de suas centelhas
dos jogos tranqüilos que deslizam à borda,
à margem lenta dos ocasos.
De seus lábios de gelo.

Olhos de pedras finas.

Da espuma que arrojam, do aroma que vertem

(Nos pátios: as velas, os amarantos.)

sobre o altar levíssimo das sementeiras.

DE SUS OJOS ORNADOS DE ARENAS VÍTREAS / Desde la exhalación de estos peces de mármol, / desde la suavidad sedosa / de sus cantos, / de sus ojos ornados / de arenas vítreas, / la quietud de los templos y los jardines / (en sus sombras de acanto, en las piedras / que tocan y reblandecen) / han abierto sus lechos, / han fundado sus cauces / bajo las hojas tibias de los almendros. / Dicen del tacto / de sus destellos, / de los juegos tranquilos que deslizan al borde, / a la orilla lenta de los ocasos. / De sus labios de hielo. / Ojos de piedras finas. / De la espuma que arrojan, del aroma que vierten / (En los atrios: las velas, los amarantos.) / sobre el ara levísimo de las siembras.

(Do templo:
o perfume das espigas,
as escamas,
os cervos. Dizem de seus reflexos.)

Nas noites,
o mármore frágil de seu silêncio,
a apreciada tatuagem, os traços limpos

(afogaram a luz
à margem; na areia)

sobre a imagem tersa,
sobre a oferenda imóvel
das pradarias.

Tradução: Claudio Daniel

(Desde el templo: / el perfume de las espigas, / las escamas, / los ciervos. Dicen de sus reflejos.) / En las noches, / el mármol frágil de su silencio, / el preciado tatuaje, los trazos limpios / (han ahogado la luz / a la orilla; en la arena) / sobre la imagen tersa, / sobre la ofrenda inmóvil / de las praderas.

EDUARDO ESPINA

Eduardo Espina nasceu em Montevidéu (Uruguai), em 1954. Publicou os livros de poemas *Valores personales* (1982), *La caza nupcial* (1993), *El oro y la liviandad del brillo* (1994) e *Lee un poco más despacio* (1999). É autor dos volumes de ensaios *El disfraz de la modernidad* (1992) e *Las ruinas de la modernidad* (1995), que obteve o Prêmio Nacional de Ensaio do Ministério de Educação e Cultura do Uruguai, em 1996. Seus poemas foram traduzidos parcialmente para o inglês, francês, croata e português. Espina foi incluído em antologias de poesia latino-americana recente, como *Medusário* (1997), *Pristina y ultima piedra* (1999) y *Nueva poesia hispanoamericana* (1999). Desde 1980 reside nos EUA, onde edita a revista *Hispanic Poetry Review*. Em breve será publicado um estudo de Enrique Mallen sobre o poeta *(Configuracion sintáctica: la poesia neo/ultra/barroca de Eduardo Espina)*.

A VIDA, UM OBJETO RECENTE

A mortalidade de sua matéria é o que
dá para começar: a ponto de permanecer
desejada encontra a pérola e o apelido.
Vida como dádiva duradoura, como foi
a do búfalo e antes, a da pantera.
Entre largos passos até cruzar a bruma
além da alvorada somada à pessoa
do pajem que pergunta pelo anfitrião.
A tempo de possuir o que nunca nasceu,
a manhã derrama lebréis de brilho,
a letra que à voz anuncia nações,
nada mais que a solução de sempre.
Chega a chuva, a rotina da água
e o ócio que por certo cai em desuso:
a lua no feno faz a planície, o
inverno ao cervo que alcança a ceder.
Por sua imundície o lugar foi reduzido,
convertido em algo como corno e aí:
a flecha conhecida ao restar cravada,
o corpo disposto pela possibilidade.
Poderia resumir-se assim: a margem das
lembranças se origina com o gerúndio e a
canção levada ao crocitar do sussurro.

LA VIDA, UN OBJETO RECIENTE / La mortalidad de su materia es lo que / da para empezar: a punto de quedarse / deseada encuentra la perla y el apodo. / Vida como dádiva duradera, como ha / sido la del búfalo y detrás, la pantera. / Entre zancadas hasta cruzar la bruma / más allá del alba añadida a la persona / del paje que pregunta por el anfitrión. / A tiempo de tener lo que nunca nació, / la mañana derrama lebreles de brillo, / la letra que a la voz anuncia naciones, / nada más que la solución de siempre. / Llega la lluvia, la costumbre del agua / y el ocio que por cierto cae en desuso: / la luna en el heno hace a la planicie, el / invierno al venado que alcanza a ceder. / Por su hez ha sido el sitio disminuido, / en algo convertido como cuerno y ahí: / la flecha conocida al quedarse clavada, / el cuerpo dispuesto por la posibilidad. / Podría resumirse así: el margen de los / recuerdos origina con el gerundio y la / canción llevada al grazno del susurro.

Cervo, erva e logo louvam ao vento:
a casa encontra o limite desconhecido.
De toda sua estatura faz sentir ao céu.
Dorme a pele apesar do que passa.
Os olhos tomam como verdade as palavras
as coisas buscam um lugar na visão.

Tradução: Claudio Daniel

Ciervo, hierba y loan luego al viento: / la casa encuentra el coto desconocido. / De toda su estatura hace sentir al cielo. / Duerme la piel a pesar de lo que pasa. / Los ojos dan por verdad a las palabras / las cosas buscan un lugar en la mirada.

VELHICE DE WITTGENSTEIN

Quietude dos mais recentes passos,
repouso para o início pelo pêndulo.
Vai de um lado a outro, do suéter ao
que não aparece, e custa colocar.
Vestido de diâmetros ia à borda
falando do hábito de abotoar o
capote em voga que a um tempo traz
a eternidade de cumprir a distância
entre as imagens e o imenso não
de nomenclatura, a efêmera maré
ah sim, de uma dúzia pela solidão
e no semelhante ao espantalho.
Tudo posa de impossível sentimento
e um cenário de quase azaléas em casa;
o suave, o casebre, uma débil névoa.
Pouco seria dele sem conhecê-lo.
Seria sombras, incestos, seria um rosto.
Sementeira líquida até que culmina
e um uso para pensar em cada coisa
quando o sentido é o que ele fez.
Já nada nem o igual da morte.
O lar do fado redobra o castigo,
constelação anterior ao terreno.
Por dizê-lo assim, melhor não sabê-lo.

VEJEZ DE WITTGENSTEIN / Quietud de los pasos más recientes, / reposo para empezar por el péndulo. / Va de un lado a otro, de la tricota a / lo que no cuesta ponerse ni aparece. / Vestido de diámetros iba a la borda / hablando del hábito por bragarse el / gabán en boga que a un tiempo trae / la eternidad de terminar la distancia / entre las imágenes y el inmenso no / de nomenclatura, la efímera marea / ah sí, de una docena por la soledad / y en el parecido del espantapájaros. / Todo posa de imposible sentimiento / y una escena de casi azaleas en casa; / lo blando, el bohío, una niebla débil. / Poco sería de aquello sin conocerlo. / Sería sombras, inciestos, cara seria. / Siembra líquida hasta que culmina / y un uso para pensar en cada cosa / cuando el sentido es lo que hizo él. / Ya nada ni lo mismo da la muerte. / El lar del hado redobla el castigo, / constelación anterior a lo terreno. / Por decirlo así, mejor no saberlo.

Melhor deixar em paz as palavras.
Agora tudo e árduo vaso e jade.
Outro ouvir no que o mundo cala.

Tradução: Claudio Daniel

Mejor dejar en paz a las palabras. / Ahora todo y arduo jarrón y jade. / Otro oír en lo que calla el mundo.

CARAVAGGIO, VIGÍLIA FINAL

I

A luz ouve o que necessita,
habitar onde não possui tudo.
A ameixeira volta-se para vê-la
tornar-se salutar avalanche.

II

Falando no semelhante,
algo viscoso e torrencial.
Quanto menos olhava a
soma de fumo no obus,
mais tempo teria para tantas
coisas que se fazem no silêncio.
Quanta calma de bétulas,
quanto vento que ninguém vê.
A metáfora do estrangeiro
encontrava a Terra no
terraço, errava plena.
E a posteridade aguardando.

CARAVAGGIO, VIGILIA FINAL / I / La luz oye lo que / necesita, / habitar donde no tiene todo. / Torna el ciruelo por verla / convertir en alud saludable. / II / En el semblante hablando, / algo gomoso y torrencial. / Mientras menos miraba la / suma de humo en el obús, / tiempo tendría para tantos / usos que hacen al silencio. / Cuánta calma de abedules, / cuánto viento que nadie ve. / La metáfora de lo foráneo / encontraba a la Tierra por / el terraplén, erraba plena. / Y la posteridad esperando.

III

Ao longe só restava o
anjo que cabia na mandíbula
velocíssima do lambari.
Embora soubesse saber, a
névoa do pântano lhe tocou
o ocultismo com que do
gelo numeroso passar ao
centauro que por bisão para.
Respirável a raiz do figo,
feliz como recém-chegado:
Filodemo entre as flores
e quanto de alforge, pois sim.

IV

O vazio do bosque no
verão, mas já não importa.
Morreu com os olhos abertos
para que as imagens
seguissem saindo.

Tradução: Claudio Daniel

III / *A lo lejos lo que solía el / angel cabía en la quijada / velocísima del manjuarí. / Aunque supo saberlo, la / niebla del bañado le tocó / el ocultismo con que del / hielo numeroso pasar al / centauro que por uro para. / Respirable la raíz del higo, / feliz como recién llegado: / Filodemo entre las flores / y cuánto de carca, que sí. / IV / El hueco del bosque en el / verano, pero ya no importa. / Murió con los ojos abiertos / para que las imágenes / siguieran saliendo.*

EDUARDO MILÁN

Eduardo Milán nasceu em Rivera (Uruguai), em 1952. Reside hoje no México, onde leciona Literatura na Universidade Nacional Autónoma de México (UNAM). Foi crítico literário da revista *Vuelta*. Publicou, entre outros, os seguintes livros de poesia: *Estación, estaciones* (1975), *Esto es* (1978), *Nervadura* (1985), *Cuatro poemas* (1990), *Errar* (1991), *La vida mantis* (1993), *Algo bello que nosotros conservamos* (1995), *Circa* 1994 (1996), *Son de mi padre* (1996), *Alegrial* (1997), *El nombre es otro* (1997) e *Dedicado a lo que queda* (1997). Sua obra poética está reunida no volume *Manto* (1999). Milán também publicou dois volumes de ensaios, *Una cierta mirada* (1989) e *Resistir – Insistencias sobre el presente poético* (1994), e, junto com Manuel Ulacia, um volume com traduções de Haroldo de Campos, *Transideraciones* (1987). No Brasil, foi publicada a antologia *Estação da fábula* (Fundação Memorial da América Latina, 2002), com poemas de Milán traduzidos por Claudio Daniel.

ESTAÇÃO DO CANTO

Para Juan Carlos Macedo

PÁSSARO é canto
        Ícaro: queda
pássaro é vôo:
      canto e vôo:
plural de pássaro
        Ícaro: plural
Ícaro é pássaro
porque pássaro em Ícaro é queda
idéia
   de asas
lugar do pássaro ou canto que
                Ícaro
(água de acordo com)
água não é página:
         árido
(página)
   árido é
couro
   árido agora onde o canto não-
palavras
     gesto de inútil
  angras
    fala baldia

ESTACIÓN DEL CANTO / Para Juan Carlos Macedo / PÁJARO es canto / Ícaro: caída / pájaro es vuelo: / canto y vuelo: / plural de pájaro / Ícaro: plural / Ícaro es pájaro / porque pájaro en Ícaro es caída / idea / de alas / lugar del pájaro o canto que / Ícaro / (agua de acuerdo con) / agua no es página: / árido / (página) / árido es / cuero / árido ahora donde el canto no- / palabras / gesto de inútil / abras / habla baldia

cegos
mãos de não-
          vazio de palavras:
não para um índice ou cruz aqui
     (de pássaros
             giros
                 longe)

Tradução: Claudio Daniel

---

ciegos / manos de no- / vacío de palabras: / no para un índice o cruce aquí / (de pájaros / giros / lejos)

ESTAÇÃO DA FÁBULA

I

ENTRE a lâmpada e a
fronte da luz:
ponte
    tridente branco
aí se afogam as palavras
gotas
   brancas
      vermelhas como o poema:
traspasso
     — duas —
       gotas
aí se afogam as palavras
brancas
    vermelhas
em branco: como morada
água
   tintas movendo
         (peixes)
focos:
fronte e lâmpada
     luz de-
movendo-se peixes
        (tintas)

Tradução: Claudio Daniel

ESTACIÓN DE LA FÁBULA / I / ENTRE la lámpara y la / frente de luz: / puente / tridente blanca / ahí se ahogan las palabras / gotas / blancas / rojas como el poema: / traspaso / — dos — / gotas / ahí se ahogan / las palabras / blancas / rojas / en blanco: como morada / agua / tintas moviendo / (peces) / focos: / frente y lámpara / luz de- / moviéndose peces / (tintas)

ESTAÇÃO FINAL

(ÁGUA) enfim é a canção
do fim
    canto de adeus: dizer
canção é ir em arcos
arco é ir ao ar aonde
volve onde a
arco
aonde volve
a onde ar ao ir é arco
        limite: ar solto
devolvido em corte
      à água em arcos
ou em parêntesis
      à água em galhos
linhas de água
(se dobra como galho)
      tenso
dobra-se:
    gotas de ramos
        bicos
garras
  folhas
tenso
acode extenso
    vai até
      (aspira)
a onde escancia
    vazia

ESTACIÓN FINAL / (AGUA) al fin es la canción / del fin / canto de ir: decir / canción es ir en arcos / arco es ir al aire adónde / vuelve donde a / arco / adónde vuelve / a donde aire al ir es arco / límite: aire suelto / devuelto en corte / al agua en arcos / o en paréntesis / al agua en rama / líneas de agua / (se cimbre como rama) / tenso / címbrase: / gotas de rama / picos / garras / hojas / tenso / acude extenso / va hacia / (aspira) / a donde escancia / vacía

áspero: água   (canção fora
volta adentro)

Tradução: Claudio Daniel

(canción fuera / áspero: agua / vuélvese adentro)

A TEMPESTADE, o fogo, o funesto
que devolvam a fúria a estes poemas suaves,
suaves porque se são nascidos do abismo,
o abismo da fala quando é realmente fala,
realmente fala e borra o mundo. Tábula rasa do falar,
mesa redonda do falar, Graal sangrante não bebido nunca
mas tão falado. Artur! Por que não entraste em Genebra[9]?
A resposta é retórica, não um repto entre pares ante o pôr-
do-sol, meio-dia depois, qual flanco da sorte o sol
depara.
Porém a tempestade tem essa graça pronunciada, essa passagem
de tempo a majestade sem desdenhar a peste justa, negra.
Aí é quando a tempestade se torna frágil, uma perda
que se traduz em chuva na campina, uma evaporação
que se traduz em lágrimas. Aí é quando a tempestade
tampouco alcança, suavidades, colinas do poema, selva, dança.

Tradução: Luiz Roberto Guedes

LA TEMPESTAD, el fuego, lo funesto / que devuelvan la furia a estos poemas suaves, / suaves por qué si son nacidos del abismo, / el abismo del habla cuando es realmente habla, / realmente habla y borra el mundo. Tabla rasa del hablar, / mesa redonda del hablar, Grial sangrante no bebido nunca / pero hablado tanto. ¡Arturo! ¿Por qué no entraste a Ginebra? / La respuesta es retórica, no un reto entre pares a la puesta / del sol, mediodía después, qué costado de la suerte el sol / depara. / Pero la tempestad tiene esa gracia pronunciada, ese pasaje / de tiempo a majestad sin desdeñar la peste justa, negra. / Ahí es cuando la tempestad se vuelve frágil, una pérdida / que se traduce en lluvia en la campiña, una evaporación / que se traduce en lágrimas. Ahí es cuando la tempestad / tampoco alcanza, suavidades, colinas del poema, selva, danza.

Foto: Samuel Leon

HAROLDO DE CAMPOS

Haroldo Browne de Campos nasceu em São Paulo (SP), em 1929, e faleceu em 2003, na mesma cidade. Poeta, tradutor, ensaísta, foi um dos protagonistas do movimento da Poesia Concreta, nos anos 50, ao lado de seu irmão, Augusto de Campos, e de Décio Pignatari. Além de diversos volumes com traduções de autores como Homero, Dante, Goethe, Pound, Mallarmé, Joyce, entre outros, e de estudos críticos e teóricos, Haroldo publicou os seguintes livros de poesia: *O auto do possesso* (1949), *Xadrez de estrelas* (1976), *Signância: Quase céu* (1979), *Galáxias* (1984), *A educação dos cinco sentidos* (1985), *Crisantempo* (1998) e *A máquina do mundo repensada* (2000).

KLIMT: TENTATIVA DE PINTURA
(com modelo ausente)

1.

lourovioleta: um monstro uma
figura em ouro cin
zelada das unhas à raiz (crin
a)   metalizada dos cabelos pedi
curada em roxo um traço bis
(e não bistre) um risco de li
lás as pálpebras dobradas
como mariposas (como mari
posas) sim pedicurada em roxo
e as pontiagudas unhas só li
lás da mesma cor do pij
ama uma figura um monstro
sim (quimono): klimt.

2.

e sob isto tudo como sob
uma panóplia (armada) um pavilhão
de pedraria (um baldaquino) dra
pejantes panos (um azul turquino)
(caravelas ao largo) bandeiras de um
(impossível) impromptu ultra
(biombo grand'aberto gonfalão panóplia)
violeta

   o corpo (a ci
   catriz li
   lás)
   o branco albino se diria
   o corpo um cor
   po de me
   nina

NEOBARROSO: *IN MEMORIAM*

"hay
cadáveres"[10] — canta néstor
perlongher e está
morrendo e canta
"hay..." seu canto de
pérolas-berruecas alambres bo-
quitas repintadas restos de unhas
lúnulas — canta — ostras desventradas um
olor de magnólias e esta espira
amarelo-marijuana novelando pensões
baratas e transas de michê (está
morrendo e canta) "hay..."
(madres-de-mayo heroínas-car-
pideiras vazadas em prata negra
lutoso argento rioplatense plangem)
"... cadáveres" e está
morrendo e canta
néstor agora em go-
zoso portunhol neste bar paulistano
que desafoga a noite-lombo-de-fera
úmido-espessa de um calor serôdio e on-
de (o sacro daime é uma — já então — un-
ção quase extrema) canta
seu ramerrão (amaríssimo) portenho: "hay
  (e está morrendo) cadáveres"

POLIFEMO CONTEMPLA GALATÉIA

o ouro se encorpa :
                coxa bruna
                flexuoso encurvar-se de um joelho
                de brunido metal dulcificado

o ouro chove :
                em pó pelos cabelos
                por brilhos dispersivos enturvando-se
                de seu castanho-louro pôr-de-sol

a outra: a gruta insinuada
que um tecido — seda breve — esconde
e sob crespo tosão ensolarado
        mais se oculta — a gruta onde a sereia
essa — a coralina boca dragonária —
quem a pudera escrever?

                cerrada em sua legenda áurea
                intacta guarda-se
                e defere o decifrá-la
            ao lanceolado desejo
                    (que no inócuo papel a pena agora apenas
            extrema e silencia)

GALÁXIAS

(fragmentos)

isto não é um livro de viagem pois a viagem não é um livro de viagem pois um livro é viagem quando muito advirto é um baedeker de epifanias quando pouco solerto é uma epifania em baedeker pois zimbórios de ouro duma ortodoxa igreja russobizantina encravada em genebra na descida da route de malagnout demandando o centro da cidade através entrevista visão da cidadevelha e canais se pode casar porquenão com os leões chineses que alguém que padrefrade viajor de volta de que viagem peregrinagem a orientes missões ensinou a esculpir na entrada esplanada do convento de são francisco paraíba do norte na entrada empedrada refluindo de oito bocas de portaspostais em contidos logo espraiados degraus estendais de pedra e joão pessoa sob a chuva de verão não era uma ilha de gauguin morenando nos longes paz paraísea num jambo de sedas e cabelos ao vento pluma plúmea no verão bochorno e sentado num café em genève miss stromboli entreteneuse entertainer morta no apartamento ninguém sabendo como miss stromboli nom de guerre por causa do seu miriademente temperamento um vulcão nos gelos suíços e um cachorro ao relento um peludo cachorrinho de pompom escorrido de chuva naquele dia em genève abrindo genf manchetes nos jornais miss stromboli explodindo como um geyser dos cabelos ruivos estrangulamento porcerto e a esfaqueada pequena pobre prostituta paraibana de morenos pentefinos pentelhos sem nom de guerre sangrando na morte cheirando urina nenhum cachorro ao relento nenhum refinado racé cocker-spaniel champanha ou pedigree prendado caniche gris chorando na chuva pois o zimbório de ouro da igreja ortodoxa de genève brilhava bolas de ouro contra o sol e a igreja barroca de joão pessoa estacava no seu lago de lágeas flanqueada de dragões chineses na chuvasol do verão nada de novo no mundo sob o solchuva o semelhante semelhando no dissemelhante um baedeker de visagens sabem você aceita um palette die weitaus beliebste farbige filter-cigarette the exquisite taste of the finest tobaccos ses couleurs attrayantes et l'élégance de sa présentation piaccione a tutti in tutto il mondo signorina stromboli ou a pequena prostituta paraibana abrindo manchetes nos jornais de genève como o sangue

golfado da garganta aberta num cubículo cheirando urina e esta é
aquela ou aquela é esta enquanto o vento cresta quando um cisne
morre no zürichsee é notícia nos jornais de zurique porque nada
acontece nada nos anosdias dos dias de semanas-vidafamilia e
apartamento garçonnière sua loura alugada como um talão de cheques
os chefetes de indústria os chefes de indústria os chefões de indústria
um vulcão como seria enquanto o garçon comenta com a patronne
as notícias do dia e alguém escreve cartas num café de genebra
tomando genebra e contando outras mortes e computando outras
sortes enquanto a polícia die polizei investiga les flics investigam
pontas fumadas de palette the supreme artistry of the attractive
presentation mlle. stromboli no estojoapartamento de luxe para ócios
noturnos de corado-gordos paisdapátria pupeta estrangulada sem saber
como saber quem saberia que sua sorte sua morte seu porte minúsculo
vulcão de matéria narrada

(...)

apsara move coxas pó-de-ouro milibrilhando sob o véu violeta uma
falsa apsara no doubt num falso templo hindu de paredes rendadas e
dossel em pagode pseudoapsara louro-risonha fazendo dólares nas
férias de verão quando eles querem porém compram tudo de uma só
vez não um santo românico ou uma lasca de estátua mas a igreja
toda estalas e portais naveta e nichos esta cidade tem um rio que se
chama rio carlos charles river e triângulos velas rápidas cortam cerce
o azul desportivo do domingo pode-se andar até cansar pela margem
verde-relva vendo uma opala de neon mudar leite em rubi a estrutura
do prudential colmeia de platina entra pela tua janela no escuro que
o cubo cupo da noite jájá resfolega de hálitos e sirenes sobre almofadas
lilases a dama de rajasthan suspira por seu amado a espira do narguilé
termina em sua lânguidocaída mão direita a esquerda titila uma conta
um mínimo acima do inviso bico do seio o outro aponta cômoro-
suave tocado pela madeixa de cabelos olhos borracha-parda do rufião
pedindo mais cerveja e rindo grosso naso de boxeur piadas para a
madame que funga ao seu lado em chilreios de cio boca batomberrante
no rosto de reboco velha senhora sorrimiando a seu beau ele estadeava
dentes dentifrícios flamingos contra um sol de purpurina ou seria
uma lua enluada em parselenes de prata a um revôo de garças de

qualquer jeito a lua-sol no céu de seda creme mira o longo súplice olhar-espera da bela de rajasthan só esse fogotriste olho ansioso rasgado no perfil para o amado ausente e na testa uma pétalapérola vibrila enquanto a serva mãos juntas vela sobrolhos de mágoa essa dama amarga mas madame ri para o seu beau olhinhos obscenos de feto platinum-blonde e ele enrouca voz rançosa num suor cerveja de vaselina e cabelos a virgem de tahull circa 1123 veio da catalunha uma igreja inteira para reconstruída dentro do museu cafe budapest restaurant a boston institution a dama está reclinada ressupina na alfombra lilás atmosphere and service beamed ceilling and chandeliers provide an authentic hungarian setting borboleta alidourada a asa do véu cristal-ouro celofana o lilás da alcatifa o torso nu soerguido a linha fugidia do ventre pernas trançadas à altura dos tornozelos mas as ancas têm um redondo de cítara colhidas no tecido cor de jade uma nesga fina de pele pêssego frufugindo pela linha do umbigo goulash and sauerbraten are unsurpassed pastries made in our kitchens including our famous hungarian strudel e a poucos passos krishna se banha entre as gopis de peito redondo veja-o puxar esta uma pelo braço e todas com uma flor na boca isto veio das montanhas do pendjab agora olhe a serigrafia neon-amarela do prudential cambiar-se em clara de ovo a noite aspirada pela florada de retângulos quatro estrelas fixas e um ponto piscapiscando o falso templo hindu é ali mesmo apsara saltava de donne a ferlinghetti mas pelo jeito não sabia do que estava falando cursava literatura no college este rolo de seda que o tempo esgarça se desenrola e é o livro também rolo de tempo que a seda espaça para fora da carcaça de lata azul-leprosa uma perna de mulher se escorando no banco traseiro sapato descalçado de bico fantasia e duas botelhas roladas de cerveja e uma anágua no pára-brisa kienholz the american way

(...)

cadavrescrito você é o sonho de um sonho escrever em linguamarga para sobreviver a linguamorta vagamundo carregando a tua malamágica zaubermappe para fazer a defesa e a ilustração de esta língua morta esta moura torta esta mão que corta um umbilifio que me prega à porta a difusa e a degustação de e em milumapáginas não haverá ninguém algum nenhum de nenhúrias que numa noite núltima

em noutubro ou em nãovembro ou talvez em deslembro por alguma
nunca nihilíada de januárias naves noviluuas finisterre em teu porto
por isso não parta por isso não porte reparta reporte destrinça esta
macarroníada em malalíngua antes que o portogalo algaraviando-se
esperante o brasilisco e este babelório todo desbordele em sarrapapel
muito fácil teu entrecho é simples e os subentrechos mais simples
ainda alguém poderá falar em didascália uma palavra que termina
em álea mas o certo é não diferençar entre motivo ou tema nem
apelar para mitemas fabulemas ou novelemas ou se perder no encalço
da melhor tradução para récit ou do distingo entre novel e novela
nem é útil saber se fábula ou conto-de-fadas é o termo que equivale
ao russo skaz bichos da seda se obsedam até a morte com seu fio e o
corcunda só se corrige na cova não se trata aqui de uma equivalência
mas de uma delenda esquiva escava e só encontrarás a mão que
escreve que escava a simplitude do simples simplicíssimo em sancta
simplicitas põe de lato a literordura deixa as belas letras para os
bel'letristas e repara que neste fio de linguagem há um fio de
linguagem que uma rosa é uma rosa como uma prosa é uma prosa há
um fio de viagem há uma vis de mensagem e nesta margem da
margem há pelo menos margem desliga então as cantilenas as
cantilendas as cantiamenas descrê das histórias das stórias das estórias
e fica ao menos com este menos o resto veremos uma garrafa ao mar
pode ser a solução botelheiro de más botelhas da vida diva dádiva
botelha que o futuro futura pela escura via delle botteghe oscure e
quando a maré for subindo você virá vindo e quando a manhã for
saindo você virá sendo e enquanto a noite for sumindo você estará
rindo pois é lindo e ledo e lido e lendo este teu cantomenos este teu
conto a menos sem somenos nem comenos este canto mesmo que já
agora é teima e não se faz por menos mas nem vem que não tem se
não te serve o meu trem se a canoa tem furo por aí é o futuro morre
velho o seguro mas eu combato no escuro e pelo triz pelo traz pelo
truz pelo trez tanto faz tanto fez minha sina eu que sei eu que pago
pra ver se no dois não acerto jogo tudo no três e ainda tenho uma vez
esta história é muito simples é uma história de espantar não conto
porque não conto porque não quero contar cantando cantava o sol
contando contava o mar contava um conto cantado de terra sol mar
e ar meu canto não conta um conto só canta como cantar

Foto: Vânia Toledo

HORÁCIO COSTA

Poeta, ensaísta e tradutor, José Horácio de Almeida Nascimento Costa nasceu em São Paulo (Brasil) em 1954. Viveu no México, entre 1983 e 1997, lecionando literatura na UNAM. Hoje é professor na Universidade de São Paulo. Publicou, entre outros livros, *28 Poemas / 6 contos* (edição do autor, 1981), *Satori* (Iluminuras, 1989), *O livro dos fracta* (Iluminuras, 1990), *The very short stories* (Iluminuras, 1991), *O menino e o travesseiro* (Ediciones El Tucán de Virginia, 1998) e *Quadragésimo* (Ateliê Editorial, 1999). No México, lançou a coletânea de ensaios *Mar abierto*, e, em Portugal, *José Saramago: o período formativo*. Horácio Costa foi organizador do encontro internacional *A Palavra Poética na América Latina*, ocorrido em São Paulo, em 1990, no Memorial da América Latina, cujas atas foram publicadas em 1992. O autor vem se destacando também como tradutor de poetas latino-americanos, como Octavio Paz, José Gorostiza e Xavier Villaurrutia.

O RETRATO DE DOM LUÍS DE GÔNGORA

cara de vampiro, nariz boxeado pela vida,
stiffness, teu legendário orgulho desmesurado,
sem ironia ou sorriso a boca nos cantos desce,
não vejo tuas mãos, estarão escrevendo,
estarão manipulando o ábaco da sintaxe,
preocupado te vejo em encontrar tesouros
dormentes, na folha branca brilham larvais,
e já fixos me perfuram teus olhos de esfinge,
que imitam tuas orelhas em leque, teu manteau
absoluto, mole de lã ou veludo, sempre Diretor
dum hospital barroco antes do Grand Renfermement,
para quem posas, cantas o Esgueva do pensamento
de teus contemporâneos, o radical suspiro da Natureza
em cio profundo, linguagem láctea, campo blau,
e me avalias, por fora Ácis, por dentro Polifemo,
assim é o mundo Dom Luís, para mim estás posando,
pré-kafkiana barata insigne vai de ante em ante-sala,
paciente expõe seu elástico decoro enfático, tanto
tens que suportar, por fora Hyde, por dentro tão menino,
pois és menino e más allá da moldura deste quadro
como os negros falas — é de noite que em pérola
se transforma a banalidade, e tua calva preenche
o céu, cede o vazio, e tua palavra uma berceuse escapa.

CETRARIA

post tenebras spero lucem
Para o Haroldo

não encha o saco, vá estudar cetraria, vá tratar de dominar a
Ave para que ela te cace a presa, vá fabricar metáforas
bélicas para teu cleansing interior, vá voar com ela um vôo
búdico, de cima ver o vulcão sorrir, despontar a cidade e suas
não colinas de grafias, vá interessar-se pela genealogia do
neblí, assestar o livro composto pelo Mestre de Aviz em
tempos mais felizes, mais rarefeita a atmosfera melhor o vôo,
celeste Ave caligráfica, lápis-lazúli, Amém, leia de novo este
soneto de Góngora, observe a máscara artesanal que esconde
os olhos da Ave, observe que a miniatura evoca elmos de
bárbaros e de romanos, os olhos diminutos pulsam com
intensidade de tungstênio debaixo da máscara, carvões
latentes, introjete este brilho equívoco não visível, ornado
manuscrito perdido, emblemas blaus, azuis de livros d'horas,
céu do sul cravejado de falcões, hordas que se fecham como
não-me-toques, flores como pigmentos assoprados, lavandas
atiradas ao azar, trigos, um olho o sol o outro a lua, o
universo voa pelo nada nas asas de Hórus, vá estudar cetraria
para distinguir a Ave pela garra pela plumagem pela
velocidade, o Nilo cinde o ar entre teus olhos, a procissão vai
à ilha dos papiros, alguém inventa o hieróglifo e te iluminas,
sinta estas unhas no teu dedo pedindo espaço aberto, esta
pressão te inocula de sentimentos e visões inesperadas, ver
árvores como líquens indústrias como insetos, perseguir o
último e único instante ziguezagueando direções cartografias,
vento de significados, plumagem que é vertigem que é
perseguição e encontro, a presa salta entre um arbusto e
sombras móveis, se imobiliza esperando um orfeu que a cante
eurídice, o vôo é harpa, órgão barroco, zonzeira zen, Ave que
priva o dono com jeito de predatória Ave, música são penas
que se abrem ao sol, arco de desejos, vai e volta bumerangue
à mão que a sustenta e à voz que a reconhece e a ti se bem

quiseres, Ave friso ilusório, perdizes que se estampam na
paisagem como cornucópias, Ave radical, cristalizada e já
movente, passa teus lábios por seu bico rude, por um
momento falas sua língua, um agora imenso nos olhos do
animal, vais com ele nunca mais serás o mesmo, ao alvo, ao
alvo, ao alvo, a Ave corta o céu com rapidez de palavra, cai
na terra como dardo de poesia no plano da página, enfáticas
brasas, micro explosão, demolição interior, fósforo e nada,
estás imóvel e a acompanhas em seu vôo, rapaz em busca da
carne branda da leitura, veja o mundo como um vitral, o
agora imenso nos olhos do animal se faz memória, gárrulo
epigramático, zênite, singraste-me, a caça terminou e aqui
tens o teu prêmio, libera o animal,
read me again

New Haven, 1985-86

OS JARDINS E OS POETAS

A Katyna Henríquez

Wang Wei pintava jardins e cultivava plantas
Na China Imperial pintar plantar jardins
Era bem mais nobre que discursar frente a um senado
    inexistente narcotizado
Cícero perora Quintiliano chora
Os senadores não prestam atenção
Porque observam as barrigas das pernas musculosas dos guardas
Dácios & Mésios & Beócios principalmente Beócios
O jardim romano era um pátio de recepção
Com 8 roseiras geométricas
64 vasos de cerâmica 128 plantas de gerânio perfeitamente
    retóricas
Horácio queria um jardim regular
O número de folhas de suas roseiras seria contado
O número de pétalas das rosas seria minuciosamente contado
Como sílabas de poemas estritamente sintáticos
As rosas amarelas seriam assonâncias
As rosas vermelhas consonâncias
O jardim horaciano é um Mondrian *avant-la-lettre*
Mas Horácio não teve dinheiro para comprar escravos que
    contassem pétalas e folhas
Silábicas
As pedrinhas das áleas como pausas poéticas
Por isso o jardim de Horácio nunca existiu
Quando nós pensamos nele nos lembramos de um jardim
    inexistente
De um jardim civil como Demóstenes
Um ágora iluminado
Por plantas cidadãos atentos à perorata
Plantas como ouvidos vegetais
Nardos como microfones
E o cipreste que se entrevê   um agente de imprensa

Wang Wei cultivou seu jardim
E enquanto plantava pintava
Seus microcosmos caligráficos com pedras trazidas de longe
Que o lago e a corrente duplicavam nas sutis tardes outonais
Etc.

Wang Wei cultivava jardins
Wang Wei pintava paisagens
Mas Ella, ah,
Ella
Ella cantaba boleros

O MENINO E O TRAVESSEIRO
(fragmento)

A imagem que se associa
à última mirada
é a que luta por navegar incólume;
estátua de sal é o universo
que se distingue no umbral de um fim
sobre um ombro movente;
imagem invariável, flor abstrata,
dimana uma luz de alto contraste
e exala um aroma indistinto
que a tornam propícia e avessa ao contato;
cristal também pergaminho
e hieróglifo olhar, estende
sobre a paisagem que imanta
o fio invisível que usam as Parcas
trançado à lã, ao algodão, à linha
como matéria de fiação
para sustento de seus bordados:
viaja solitário pelo devir
como fonte de dramatismo
e sinal recôndito de identidade.
Olhar na memória gravado,
elo impalpável de moléculas
na cadeia de proteínas e ácidos,
presente e ausente entre passado
e poema,
transcende o restrito tempo
que uma friável geração define:
por isto mesmo, não sendo mítico,
é simbólico;
graças a este decidido olhar,
o menino, sem o saber,
é por completo americano:
no alto da Serra ficava um mundo;

à frente se espalmava,
perigoso ou hospitaleiro,
um continente.

O INVISÍVEL

Sempre a invisibilidade esculpi
abstraindo da pedra a forma fácil
e, contra os sentidos, negando até
cada artifício em que me refletisse.

Olhar e tato, agentes do pensamento
de quem esculpe, dão acesso ao ser
que a escultura da matéria pascento
ao longo da história, revelar quer.

Fiz de mim a não-forma que no vácuo
entre golpe e golpe o escultor em dúvida
não perfaz nem cessa de acometer:

desta iminência veio à luz um sólido
de insuspeitável visibilidade,
um ser-de-ar que refuta o buril.

Foto: *Carmen Galán*

JOSÉ KOZER

José Kozer nasceu em Havana (Cuba), em 1940, mas vive nos EUA desde 1960. Entre suas principais coletâneas poéticas estão *Y así tomaron posesión en las ciudades* (1979), *Jarrón de las abreviaturas* (1980), *La rueca de los semblantes* (1980), *Bajo este cien* (1983), *La garza sin sombras* (1985), *Prójimos. Intimitates* (1990), *et mutabile* (1996), e *Farándula* (2000). A obra poética do autor, sobre a qual há teses de mestrado e doutorado em universidades dos Estados Unidos e da Itália, foi traduzida parcialmente para sete idiomas (inglês, francês, português, alemão, grego, italiano e hebraico) e está representada em numerosas antologias na Europa, EUA, e América Latina. Kozer foi co-diretor da revista *Enlace* (1984-85), é membro do conselho editorial de outras publicações periódicas européias e americanas. Organizou, junto com Roberto Echavarren e Jacobo Sefamí, a antologia *Medusário*, de poesia neobarroca latino-americana. No Brasil foram publicados os livros *Geometria da água e outros poemas* (Fundação Memorial da América Latina, 2000), *Rupestres* (Tigre do Espelho, 2001), e *Madame Chu e outros poemas* (Travessa dos Editores, 2003), todos organizados e traduzidos por Claudio Daniel e Luiz Roberto Guedes.

AUTO-RETRATO

Sóbrio não sou, surdo-mudo tampouco. De saúde não ando bem,
mas não estou enfermo: de conformação duvidosa essa coisa
do corpo. Em sua zona artrítica agora reconheço seu
aspecto menos monstro, mais Teresa[11]. Não se me deteve a
esferográfica (adeus estilográficas, adeus plumas) ante
a barbaridade de chamar monstro a um aspecto deste
meu corpo (menti) (e minto duplamente) ainda
em bom estado, me ficam bem as cãs, os poucos pés de
galinha dão um toque de sabedoria ao meu aspecto, esse
galhardo, esse mirado, sou o verdadeiro eu: um eu
Cibola[12], eu Hespérides[13], sou argivo sou argivo (gritou).
Sou personificação do vento oeste a leste (qual) se
a meti na harpia (gritou) barbas de algodão, cacheada
cabeçorra da mais fina tela ouropêndula, deixa correr
(amada) teus longos dedos por esta encrespada cabeleira
onde cada fio contraído se alonga linha, saca do fundo
da laguna o atolado manati (amada). Eu disse, não
sou sóbrio; agramático? Não exageremos: a licença
poética estará de minha parte até o Dia do Último
Diálogo; só então calarei, e não gramaticarei, pois
Além mandam. Aqui, eu me quero tanto que me comestivelria
a mim mesmo, se pudesse (já disse que não sou sóbrio):

---

*AUTORRETRATO / Sobrio no soy, sordomudo tampoco. De salud no ando bien pero no / estoy
enfermo: de dubitativa conformación esta cosa / del cuerpo. En su zona artrítica ahora
reconozco su / aspecto menos engendro, más Teresa. No se me detuvo el / bolígrafo (adiós
estilográficas, adiós péndolas) ante / la barbaridad de llamar engendro a un aspecto de este
/ cuerpo mío (mentí) (y miento por banda doble) aún / rebueno, me quedan bien las canas,
las pocas patas de / gallina dan un toque de sabiduría a mi catadura, ese / gallardo, ese
mirado, soy el verdadero yo: un yo / Cibola, yo Hespérides, soy argivo soy argivo (gritó). / Soy
personificación del viento oeste a este (cuál) se / la metí a la harpía (gritó) barbas de guata,
rizosa / cabezota del más fino tisú oropéndola, deja correr / (amada) tus largos dedos por
esta encrespada cabellera / donde cada hilo aovillado se alarga sedal, saca del fondo / de la
laguna al atorado manatí (amada). Lo dicho, no / soy sobrio; ¿agramático? No exageremos:
la licencia / poética estará de mi parte hasta el Día del Último / Diálogo; sólo entonces
callaré, y no gramaticaré, pues / Allá mandan. Aquí me quiero tanto que me comestiblería
/ yo a mí mismo, si pudiera (ya dije que no soy sobrio):*

posso sê-lo; assim, um passo atrás perna direita, postura
do Arqueiro, nem arco nem flecha, nem etéreo quimono
repousado de seda, tampouco à espádua um íbis amarelo
sobre fundo negro três ideogramas diminutos ao pé
da pata suspensa da ave, nada, nada ave, nada pata,
nada perna direita atrás um passo, o passo das
letras do Arqueiro sustentado por se talvez (existirá vida
ultraterrena?) poderia aparecer Auto-retrato.

Tradução: Claudio Daniel

---

puedo serlo; así, un paso atrás pierna derecha, postura / del Arquero, ni arco ni flecha, ni etéreo quimono / reposado de seda, tampoco a la espalda un ibis amarillo / sobre fondo negro tres ideogramas diminutos al pie / de la pata en vilo del ave, nada, nada ave, nada pata, / nada pierna derecha atrás un paso, el paso de las / letras del Arquero sostenido por si acaso (¿habrá vida / ultraterrena?) podría aparecer Autorretrato.

CENTRO DE GRAVIDADE

Minha Pátria é a irrealidade.

Um corvo se desfaz e tem quatro albergues: ninho, hamadríade, sustento do espantalho e espantalho.

Sou esse corvo, natural.

Chamo-me Corvo, por inteiro, pode-se fazer todo um catálogo com esse nome.

Dou um exemplo, a lista telefônica (haverá maior desolação?).

Aves e peneireiros da lista. O disparo do besteiro a queda desordenada, chumbo, depenagem, isso que crocita é um percurso do índice cadavérico por páginas amarelas, dou fé, dou fé de mortos, de suas letras borra as letras, do número avarento não é possível alterar nada, nutre-se da morte, e na lista, Grande Lista (telefônica?) o número segue instalado, mudam as letras: outro é o nome, são outros os sobrenomes para o 544-9097.

Minha Pátria era esse número.

CENTRO DE GRAVEDAD / *Mi Patria es la irrealidad.* / *Un cuervo se deshace y tiene cuatro albergues: nido, hamadríade, sustento del espantapájaros y espantapájaros.* / *Soy ese cuervo, natural.* / *Me llamo Cuervo, por entero, puede hacerse todo un catálogo con ese nombre.* / *Doy un ejemplo, la guía de teléfonos (¿habrá mayor desolación?).* / *Aves y cernícalos de la guía. El disparo del ballestero, la caída arremolinada, plomo, desplumadura, eso que crascita es un recorrido del* / *índice cadavérico por páginas amarillas, doy fe, doy / fe de muertos, de sus letras borra las letras, del / número avariento no es posible alterar nada, se / nutre de la muerte, y en la guía, Gran Guía (¿de / teléfonos?) el número sigue instalado, cambian / las letras: otro es el nombre, son otros los / apellidos para el 544-9097.* / *Mi Patria era ese número.*

Diapasão do cinco ao quatro, tropeção do nove, perfeição do sete
   e aí no meio El Sadday, O
   Eterno, perfeição do zero, Louvado
   Louvado (não há nada a fazer) ouça, Zero,
   quem cresce, assim qualquer um é imaculado.

O zero é minha Pátria.

Parece nova, e é a mais velha calçada de todas, e é a mais velha rua
   de paralelepípedos.
Com o carrinho do mantegueiro puxado por um cavalo.
Com a casquinha. Com o pedido, três bolas de
sorvete, por favor, do menino. Um níquel. E de que
sabor? Chinês, põe uma de mamey, duas de
manga. Chinês, tudo muda, mudou a coisa,
muda para mim a de mamey pelo vaso de pervincas,
as duas bolas de manga pelas duas cadeiras vazias de
vime no terraço. Essa matéria não derrete.

E que será da Pátria de minha matéria?

Tradução: Claudio Daniel

Diapasón del cinco al cuatro, tropezón del nueve, perfección del siete y ahí en medio El Sadday, El Eterno, perfección del cero, Alabado / Alabado (no hay nada que hacer) oiga, Cero, / quién crece, así cualquiera es inmaculado. / Es el cero mi Patria. / Parece nueva, y es la más vieja acera de todas, y es la más vieja calle de adoquines. Con el carro del mantecadero tirado por un caballo. / Con el barquillo. Con la petición, tres bolas de / helado, por favor, del niño. Un níckel. ¿Y de qué / las quiere? Chino, ponme una de mamey, dos de / mango. Chino, todo cambia, cambió la cosa, / cámbiame la de mamey por la maceta de vicarias, / las dos bolas de mango por las dos sillas vacías de / enea en la terraza. Esa materia no se derrite. / ¿Y qué va a ser de la Patria de mi materia?

O MENDICANTE

E gritava, sou feliz, não tenho nada, uma tanga cobre minha nudez
já está aqui a escudela de arroz cozido,
logo irei pedir um pouco de molho de
soja, talvez uma fruta, qual (dentre todas),
pediria talvez uns cobres; sou feliz sob
a figueira de Bengala, fico sob sua sombra,
na intempérie fico, de cócoras, sombras
de uma centenária ceiba, sombras do zebu que
aí vem se saciar, na postura de lótus
me sento, sombras de um pomar cheio de
árvores frutíferas, sombras de um vocabulário:
não caibo em mim de contente, mastigo sombras
e me choco contra um rio, duas estreitas
ribeiras o meandro de minha sombra; um gongo
golpeiam na desembocadura, acorro (não era
a fonte no alto das águas?), me humilho
ante o Soberano, eu sou sua sombra, alço a
vista pela terceira vênia, ouço minha voz gritar,
sou feliz sou feliz não tenho nada: e me sento
sobre o trono de palissandra, visto minha
nudez com a túnica açafrão de seda,
sinto a canela sinto de ilhota em ilhota as
águas aromáticas do desjejum, com seu ponto de
mel silvestre, seca flor de jasmim: chegam

EL MENDICANTE / Y gritaba, soy feliz, no tengo nada, una tela cubre mis desnudeces, / ya está aquí la escudilla de arroz hervido, / pronto iré a pedir unas gotas de salsa de / soja, quizá una fruta, cuál (de entre todas), / pediría tal vez unos cobres; soy feliz bajo / la higuera de Bengala, quepo bajo su sombra, / en la intemperie quepo, me acuclillo, sombras / de una centenaria ceiba, sombras del cebú que / ahí viene a abrevar, en la postura del loto / me siento, sombras de una huerta llena de / árboles frutales, sombras de un vocabulario: / no quepo en mí de contento, mastico sombras / y me golpeo contra un río, dos estrechas / riberas el meandro de mi sombra; un batintín / golpean en la desembocadura, acudo (¿no era / la fuente en alto de las aguas?), me humillo / ante el Soberano, yo soy su sombra, alzo la / vista a la tercera venia, oigo mi voz gritar, / soy feliz soy feliz no tengo nada: y me siento / sobre el trono de palisandro, visto mis / desnudeces con la túnica azafrán de seda, / huelo la canela huelo de islote en islote las / aguas aromáticas del desayuno, con su punto de / miel milflores, seca flor de jazmín: llegan

em fileira com barbas de três dias, eu sou
lampinho; se prostram e ouço a série de
reencarnações: já acabei, jalde feliz, trama
revés esfolamento, jalde flor que desponta nos
alvéolos: flor de tutano, braçada florida
de reses, ruminante respiração seus
ramalhetes enchem os púcaros de estanho
nas abóbadas do salão: flor imperial os
salões; outro aposento e outro, cortinas
escarlate de veludo, o leito matrimonial
sobre o estrado: tarimba e tálamo, a meus pés
colocam a Lampinha, meu alento rarefeito
roça suas faces, farejo no odor de sua
cútis: onde estamos? Frutais estatuetas,
caudal; estojos e arquitraves, caudais:
resvala pela pura farinha do ar a espiga a
uma configuração de pães, tortas de azeite;
e as águas resvalam (rosa) (erva-doce)
(camomila) à redondez sem asas de um
jarro: uma xícara me queima as mãos, ouço
verter, vejo minha cicatriz, ouço crepitar
a queimação em minhas impressões digitais. Aperto
as polpas dos dedos contra as coxas,
estou tatuado: e em sua contemplação vejo cair
tição sobre minhas coxas, inquieta desembocadura

---

en hilera con barbas de tres días, yo soy / lampiño; se postran y oigo la retahíla de las / reencarnaciones: ya acabé, gualda feliz, trama / revés desolladura, gualda flor que repunta en / los alvéolos: flor de tuétano, brazada florida / de las reses, rumiante respiración sus / ramilletes llenan los búcaros de estaño en / las hornacinas del salón: flor imperial los / salones; otro aposento y otro, cortinas / escarlata de terciopelo, el lecho matrimonial / sobre la tarima: tarima y tálamo, a mis pies / colocan a la Lampiña, mi aliento enrarecido / roza sus mejillas, husmeo en la hez de su / cutis: ¿adónde estamos? Fruteros estatuillas, / raudal; estuches y arquitrabes, raudales: / resbala por el candeal del aire la espiga a / una configuración de panes, tortas de aceite; / y las aguas resbalan (rosa) (hinojos) / (manzanilla) a la redondez sin alas de un / jarro: una taza me quema las manos, oigo / verter, veo mi cicatriz, oigo chisporrotear / la quemazón en mis huellas digitales. Aprieto / las yemas de los dedos contra los muslos, / estoy tatuado: y en su contemplación veo caer / tizón sobre mis muslos, inquieta desembocadura

do ar dos arrozais. A este sinto, aí
sinto; entre minhas pernas, o receptáculo,
revestimento de reses: e grito, sou feliz sou
feliz não tenho nada, em minha própria rapinagem me
atropelo, trunco a gama, entre minhas pernas
recolho a escudela de minhas mãos, ouço verter,
verter a mosca sua fuligem, a ninfa seus
parasitas desígnios de transformação, ouço
cessar minhas evoluções: e calo ave, calo
rama e flor de seu bico, ia estender outra
vez a mão, abrir a boca, ouvir os
encadeamentos abreviados de minha voz, e me
subtraí, flor de lótus sob uma árvore abri
a branca sombrinha hexagonal de seda, tiara,
orlas insonoras do vento.

Tradução: Claudio Daniel

del aire de los arrozales. A eso huelo, ahí / huelo; entre mis piernas, el receptáculo, / revestimiento de reses: y grito, soy feliz soy / feliz no tengo nada, en mi propia rapiña me / atropello, trunco la gama, entre mis piernas / recojo el cuenco de mis manos, oigo verter, / verter la mosca sus hollines, la ninfa sus / parásitos designios de transformación, oigo / cesar mis evoluciones: y callo urraca, callo / rama y flor de su pico, iba a extender otra / vez la mano, abrir la boca, oír los / encadenamientos abreviados de mi voz, y me / sustraje, flor de loto bajo un árbol abrí / la blanca sombrilla hexagonal de seda, tiara, / orlas insonoras del viento.

REMENDOS

E onde está o bosque se minha própria cabeça (malfadada) de
ramificações esta cabeça
(incólume) com sua forma de garupa coalhada de veias
até os bosques se encheu de fogos-fátuos (enxofres):
queimou todas as palavras.
Este munhão incrustado entre ambos hemisférios da cabeça é a
palavra pela metade
(não há outra).
Puras analogias: o bosque, por exemplo, um vocabulário. Charcos
(clareiras) alimárias
moribundas. O eco ainda do estertor do mílvio
apodrecendo entre as agulhas escarlates do pinhal.
Tantas palavras. Desconcerta.
Oponho-lhe o manto de neve recém-caído no bosque. Esse livro
fechado. Novas
pegadas: o rastro do escaravelho a convulsa pegada de uma garra.
Não há caminhos. Posso regressar a esta cerebralidade
(olhar) até o exterior (atônito) chamado morte.
Olhar a nevada olhar seu indireto (exterior)
complemento gramatical até os quatro mortos de
nomes duplos (debaixo) quatro palavras castelhanas com
suas quatro bizarrias hebréias, contrapostas: de onde

REMIENDOS / *Y dónde está el bosque que mi cabeza (malhadada) de ramificaciones esta cabeza (incólume) con / su forma de grupa cuajada de venas / hacia los bosques se llenó de fuegos fatuos (azufres): / quemó todas las palabras. / Este muñón incrustado entre ambos hemisferios de la cabeza es la palabra a medias / (no hay otra). / Puras analogías: el bosque, por ejemplo, un vocabulario. Charcos (claros) alimañas moribundas. / El eco aún del estertor del milano / pudriéndose entre las agujas escarlatas del pinar. / Tanta palabra. Desconcierta. / Opongo el manto de nieve recién caído en el bosque. Ese libro cerrado. Nuevas huellas: el rastro / del escarabajo la convulsa huella de una garra. / No hay senderos. Puedo regresar a esta cerebralidad / (mirar) a lo exterior (atónito) denominado muerte. / Mirar la nevada mirar su indirecto (exterior) / complemento gramatical a los cuatro muertos de / nombre doble (debajo) cuatro palabras castellanas cons / sus cuatro jerigonzas hebreas, contrapuestas: de dónde*

extraio conhecimento desta putrefação como ler
vegetal do ilegível pergaminho de palimpsestos,
insondável: abaixo (vertical, até abaixo) tocar fundo
na cabeça.

Recuperei o juízo (eu): sou o bosque: minha maior pobreza. Ter dois
nomes para
cada coisa, desta abundância de palavras de toda esta
voluptuosidade (reter) o rebuliço analfabeto de minhas
palavras. Poemas: a continuidade. Versos, o sulco no
limite do bosque. Sílabas: o escaravelho. E a letra
(letra) perdida em si mesma: atônito orifício.

Ramificações. Seguir o fio dos segmentos atravessar as circunvoluções
de minha
cabeça alcançar o centro concêntrico de branca
estabilidade à luz, por exemplo, da lua.

Poderei sentar-me sobre o toco da clareira do bosque, a meu silêncio:
de seu fio de pus a
coroar-me a cabeça aparecerá a tiara de latão cingindo
minhas têmporas. A um movimento (abrupto) da cabeça,
ferrugens. A um movimento em direção contrária
(letras) um rastro de (mínimas) formigas.

---

extraigo conocimiento de esta putrefacción cómo leer / vegetal del ilegible pergamino de palimpsestos, / insondable: abajo (vertical, hacia abajo) tocar fondo / en la cabeza. / He recuperado el juicio (yo) soy el bosque: mi mayor pobreza. Tener dos nombres para cada cosa, / de esta abundancia de palabras de toda esta / voluptuosidad (retener) el regajero analfabeto de mis / palabras. Poemas: la continuidad. Versos: el surco a / la linde del bosque. Sílabas: el escarabajo. Y la letra / (letra) perdida en sí misma: atónito agujero. / Ramificaciones. Seguir el hilo de los segmentos atravesar las circunvoluciones de mi cabeza / alcanzar el centro concéntrico de la blanca / estabilidad a la luz, por ejemplo, de la luna. / Podré sentarme sobre el tocón del claro del bosque, a mi silencio: de su hilo de pus a / coronarme la / cabeza aparecerá la tiara de latón ciñendo / mis sienes. A un movimiento (exabrupto) de la cabeza, / herrumbres. A un movimiento en dirección contraria / (letras) un rastro de (cortas) hormigas.

Em cima, a grande altura, o mesmo espaço (reproduzido): eu, uma
estátua de sal (eu)
invertido no diadema que forja esta clareira do bosque:
e de minhas vestes até a boca só posso dizer alva
alvacá alvaçã alvação alvorada.[14]

Tradução: Claudio Daniel e Luiz Roberto Guedes

Encima, a gran altura el mismo espacio (reproducido): yo, una estatua de sal (yo) invertido en la / diadema que forja este claro del bosque: / y de mis vestiduras hasta la boca sólo puedo decir alba / albaca albacara albacea albazo.

JOSÉ LEZAMA LIMA

José Lezama Lima nasceu em 1910, na base militar de Colúmbia, mas sempre viveu em Havana, Cuba, onde faleceu em 1976. Publicou os romances *Paradiso* (1966), e *Oppiano Licario* (1977), numerosos contos, reunidos nos volumes *Cangrejos, Golondrinas* (1977) e *Juego de las decapitaciones* (1981), e vários livros de poesia. Dentre estes últimos, constam *Muerte de Narciso* (1937), *Enemigo rumor* (1941), *Aventuras sigilosas* (1945), *Dador* (1960), *Poesías completas* (1970), e *Fragmentos a su Imán* (ed. póstuma, 1977). Também publicou ensaios, como *La expresión americana* (1957), traduzido por Irlemar Chiampi e publicado em 1988, pela Brasiliense. Suas cartas foram compiladas e editadas por sua irmã, Eloísa, em 1979. As *Obras completas* de Lezama Lima, em dois volumes, foram publicadas em 1977-78 pela editora Aguilar, de Madri. No Brasil, foram publicados *Paradiso* (Brasiliense, 1987), e *Fugados* (Iluminuras, 1993), traduzidos por Josely Vianna Baptista.

AH, QUE VOCÊ ESCAPE

Ah, que você escape no instante
em que já tinha alcançado sua melhor definição.
Ah, minha amiga, não queira acreditar
nas perguntas dessa estrela recém-cortada,
que vai molhando suas pontas em outra estrela inimiga.
Ah, se fosse certo que, à hora do banho,
quando, em uma mesma água discursiva,
se banham a imóvel paisagem e os animais mais finos:
antílopes, serpentes de passos breves, de passos evaporados,
parecem entre sonhos, sem ânsias levantar
os mais extensos cabelos e a água mais recordada.
Ah, minha amiga, se no puro mármore das despedidas
tivesse deixado a estátua que poderia nos acompanhar,
pois o vento, o vento gracioso,
se estende como um gato para deixar-se definir.

Tradução: Claudio Daniel

AH, QUE TÚ ESCAPES / Ah, que tú escapes en el instante / en el que ya habías alcanzado tu definición mejor. / Ah, mi amiga, que tú no querías creer / las preguntas de esa estrella recién cortada, / que va mojando sus puntas en otra estrella enemiga. / Ah, si pudiera ser cierto que a la hora del baño, / cuando en una misma agua discursiva / se bañan el inmóvil paisaje y los animales más finos: / antílopes, serpientes de pasos breves, de pasos evaporados, / parecen entre sueños, sin ansias levantar / los más extensos cabellos y el agua más recordada. / Ah, mi amiga, si en el puro mármol de los adioses / hubieras dejado la estatua que nos podía acompañar, / pues el viento, el viento gracioso, / se extiende como un gato para dejarse definir.

CHAMADO DO DESEJOSO

Desejoso é aquele que foge de sua mãe.
Despedir-se é cultivar um orvalho para uni-lo com a secularidade da saliva.
A profundidade do desejo não vai até o seqüestro do fruto.
Desejoso é deixar de ver sua mãe.
É a ausência do acontecido de um dia que se prolonga
e é à noite que essa ausência vai afundando como uma faca.
Nessa ausência se abre uma torre, nessa torre dança um fogo oco.
E assim se alarga e a ausência da mãe é um mar tranqüilo.
Porém, o fugidio não vê a faca que lhe pergunta,
é da mãe, dos seguros postigos, de quem se foge.
O descendido em sangue antigo soa vazio.
O sangue é frio quando desce e quando se espalha em círculo.
A mãe é fria e está perfeita.
Se é pela morte, seu peso é duplo e não mais nos solta.
Não é pelas portas onde se assoma nosso abandono.
É por uma clareira onde a mãe segue andando, mas já não nos segue.
É por uma clareira, ali se cega e então nos deixa.
Ai do que não anda esse andar onde a mãe já não o segue, ai.
Não é desconhecer-se, o conhecer-se segue furioso como em seus dias,
mas segui-lo seria queimarem-se os dois em uma só árvore,
e ela gosta de olhar a árvore como uma pedra,
como uma pedra com a inscrição de antigos jogos.

LLAMADO DEL DESEOSO / *Deseoso es aquel que huye de su madre.* / *Despedirse es cultivar un rocío para unirlo con la secularidad de la saliva.* / *La hondura del deseo no va por el secuestro del fruto.* / *Deseoso es dejar de ver a su madre.* / *Es la ausencia del sucedido de un día que se prolonga* / *y es a la noche que esa ausencia se va ahondando como un cuchillo.* / *En esa ausencia se abre una torre, en esa torre baila un fuego hueco.* / *Y así se ensancha y la ausencia de la madre es un mar en calma.* / *Pero el huidizo no ve el cuchillo que le pregunta,* / *es de la madre, de los postigos asegurados, de quien se huye.* / *Lo descendido en vieja sangre suena vacío.* / *La sangre es fría cuando desciende y cuando se esparce circulada.* / *La madre es fría y está cumplida.* / *Si es por la muerte, su peso es doble y ya no nos suelta.* / *No es por las puertas donde se asoma nuestro abandono.* / *Es por un claro donde la madre sigue marchando, pero ya no nos sigue.* / *Es por un claro, allí se ciega y bien nos deja.* / *Ay del que no marcha esa marcha donde la madre ya no le sigue, ay.* / *No es desconocerse, el conocerse sigue furioso como en sus días,* / *pero el seguirlo sería quemarse dos en un árbol,* / *y ella apetece mirar el árbol como una piedra,* / *como una piedra con la inscripción de ancianos juegos.*

Nosso desejo não é alcançar ou incorporar um fruto ácido.
O desejoso é o fugidio
e das cabeçadas com nossas mães cai o planeta centro de mesa
e de onde fugimos, se não é de nossas mães que fugimos,
que nunca querem recomeçar o mesmo naipe, a mesma noite de
igual ilharga descomunal?

Tradução: Claudio Daniel

Nuestro deseo no es alcanzar o incorporar un fruto ácido. / El deseoso es el huidizo / y de los cabezazos con nuestras madres cae el planeta centro de mesa / y ¿de dónde huimos, si no es de nuestras madres de quien huimos / que nunca quieren recomenzar el mismo naipe, la misma noche de / igual ijada descomunal?

OS FRAGMENTOS DA NOITE[15]

Como isolar os fragmentos da noite
para apertar algo com as mãos,
como a lebre penetra em sua escuridão
separando duas estrelas
apoiadas no brilho da relva úmida.
A noite respira em uma intocável umidade,
não no centro da esfera que voa,
e tudo vai unindo, esquinas ou fragmentos,
até formar o inviolável tecido da noite,
sutil e complexo como os dedos unidos
que apenas deixam passar a água,
como um cestinho mágico
que nada vazio dentro do rio.
Eu queria separar minhas mãos da noite,
porém se ouvia uma grande sonoridade que não se ouvia,
como se meu corpo inteiro tivesse caído sobre uma serafina
silenciosa na esquina do templo.
A noite era um relógio, não para o tempo
mas para a luz,
era um polvo que era uma pedra,
era uma teia como uma piçarra cheia de olhos.
Eu queria resgatar a noite
isolando seus fragmentos,
que nada sabiam de um corpo,
de um tubo de órgão

LOS FRAGMENTOS DE LA NOCHE / *Cómo aislar los fragmentos de la noche / para apretar algo con las manos, / como la liebre penetra en su oscuridad / separando dos estrellas / apoyadas en el brillo de la yerba húmeda. / La noche respira en una intocable humedad, / no en el centro de la esfera que vuela, / y todo lo va uniendo, esquinas o fragmentos, / hasta formar el irrompible tejido de la noche, / sutil y complejo como los dedos unidos / que apenas dejan pasar el agua, / como un cestillo mágico / que nada vacío dentro del río. / Yo quería separar mis manos de la noche, / pero se oía una gran sonoridad que no se oía, / como si todo mi cuerpo cayera sobre una serafina / silenciosa en la esquina del templo. / La noche era un reloj no para el tiempo / sino para la luz, / era un pulpo que era una piedra, / era una tela como una pizarra llena de ojos. / Yo quería rescatar la noche / aislando sus fragmentos, / que nada sabían de un cuerpo, / de una tuba de órgano*

somente da substância que voa
desconhecendo o pestanejar da luz.
Queria resgatar a respiração
e se alçava em sua solidão e esplendor
até formar o pneuma universal
anterior à aparição do homem.
A soma respirante
que forma os grandes continentes
da aurora que sorri
com as pernas de pau infantis.
Eu queria resgatar os fragmentos da noite
e formava uma substância universal,
então comecei a mergulhar
os dedos e os olhos na noite,
soltava todas as amarras da barcaça.
Era um combate sem fim,
entre o que eu queria arrancar da noite
e o que a noite me presenteava.
O sonho, com contornos de diamante,
prendia a lebre
com orelhas de trevo.
Momentaneamente tive que abandonar a casa
para dar passagem à noite.
Que brusquidão quebrou essa continuidade,
entre a noite projetando o teto,
sustentando-o como entre duas nuvens
que flutuavam na escuridão submergida.

---

sino la sustancia que vuela / desconociendo los pestañeos de la luz. / Quería rescatar la respiración / y se alzaba en su soledad y esplendor, / hasta formar el neuma universal / anterior a la aparición del hombre. / La suma respirante / que forma los grandes continentes / de la aurora que sonríe / con zancos infantiles. / Yo quería rescatar los fragmentos de la noche / y formaba una sustancia universal, / comencé entonces a sumergir / los dedos y los ojos en la noche, / le soltaba todas las amarras a la barcaza. / Era un combate sin término, / entre lo que yo quería quitar a la noche / y lo que la noche me regalaba. / El sueño, con contornos de diamante, / detenía a la liebre / con orejas de trébol. / Momentáneamente tuve que abandonar la casa / para darle paso a la noche. / Qué brusquedad rompió esa continuidad, / entre la noche trazando el techo, / susteniéndolo como entre dos nubes / que flotaban en la oscuridad sumergida.

No início que não anota os nomes,
a chegada do diferenciado com sinetas
de aço, com olhos
para a profundidade das águas
onde a noite repousava.
Como em um incêndio,
eu queria recolher as recordações da noite,
o tilintar até o golpe de misericórdia
como quando, com a palma da mão,
batemos a massa de pão.
O sonho voltou a prender a lebre
que arranhava meus braços
com pauzinhos de aguarrás.
Rindo, repartia grandes cicatrizes em meu rosto.

Tradução: Luiz Roberto Guedes e Claudio Daniel

En el comienzo que no anota los nombres, / la llegada de lo diferenciado con campanillas / de acero, con ojos / para la profundidad de las aguas / donde la noche reposaba. / Como en un incendio, / yo quería sacar los recuerdos de la noche, / el tintineo hacia dentro del golpe mate, / como cuando con la palma de la mano / golpeamos la masa de pan. / El sueño volvió a detener a la liebre / que rañaba mis brazos / con palillos de aguarrás. / Riéndose, repartía por mi rostro grandes cicatrices.

MINERVA DEFINE O MAR

Prosérpina extrai a flor
da raiz movente do inferno,
e o soterrado caranguejo sobe
à quantidade visada do pistilo.
Minerva cinge e distribui
e o mar brune e desordena.
E o caranguejo que traz uma coroa.
A golpeante espuma, a anêmona
desentranhando seu relógio noturno,
a aleta peitoral do Ida nadador.
Seu peito, golfinho sobredourado,
punhal da aurora.
Cegos os peixes da gruta,
enredam-se, saltam, encobrem,
precipitam as ordenanças áureas
da deusa, pomba manante.
Entre colunas envoltas pelas algosas
serpentes, os esconderijos das arengas[16]
entreabrem os lábios bifurcados
na flor remando seus contornos
e o espelho encerrando o dominó
gravado na porta cavernosa.
Seu relâmpago é a árvore
na noite e seu olhar

MINERVA DEFINE EL MAR / Proserpina extrae la flor / de la raíz moviente del infierno, / y el soterrado cangrejo asciende / a la cantidad mirada del pistilo. / Minerva ciñe y distribuye / y el mar bruñe y desordena. / Y el cangrejo que trae una corona. / La batidora espuma, la anémona / desentrañando su reloj nocturno, / la aleta pectoral del Ida nadador. / Su pecho, delfín sobredorado, / cuchillo de la aurora. / Ciegos los peces de la gruta, / enmarañan, saltan, enmascaran, / precipitan las ordenanzas áureas / de la diosa, paloma manadora. / Entre columnas rodadas por las algosas / sierpes, los escondrijos de las arengas / entreabren los labios bifurcados / en la flor remando sus contornos / y el espejo cerrando el dominó / grabado en la puerta cavernosa. / Su relámpago es el árbol / en la noche y su mirada

é a aranha azul que desenha
estalactites em seu ocaso.

Acampam no Eros cognoscente,
o mar prolonga os cordeiros
das ruínas dobradas ao salobre.
E ao redobrar dos dentados peixes,
o caranguejo que traz uma coroa.
Caduceu de serpes e ramagens,
o mar frente ao espelho,
seu silencioso combate de reflexos
desdenha todo ultraje
do nadador lançado à costa marinha
para moer farinha fina.
Lançando o rosto em águas do espelho
interroga os ondulantes
trinos do colibri e do baleote.
O dedo e o dado
escoram o azar,
a eternidade em seu gotejar
e o falso tremor do múrice[17] dissecado.
   A figura de proa da Minerva
e o grasnar
das ruínas em seu coríntio
soletrar,
burlam o sal queimando as entranhas do mar.

---

    es la araña azul que diseña / estalactitas en su ocaso. / Acampan en el Eros cognocente, / el mar prolonga los corderos / de las ruinas dobladas al salobre. / Y al redoble de / los dentados peces, / el cangrejo que trae una corona. / Caduceo de sierpes y ramajes, / el mar frente al espejo, / su silencioso combate de reflejos / desdeña todo ultraje / del nadador lanzado a la marina / para moler harina fina. / Lanzando el rostro en aguas del espejo / interroga los cimbreantes / trinos del colibrí y el ballenato. / El dedo y el dado / apuntalan el azar, / la eternidad en su gotear / y el falso temblor del múrice disecado. / El mascarón de la Minerva / Y el graznar / de las ruinas en su corintio / deletrear, / burlan la sal quemando las entrañas del mar.

O bailarino se estende com a flor
fria na boca do peixe,
se estende entre as rochas
e não chega ao mar.
Rota a carranca da Minerva,
rota a cariciosa planura da fronte
e o casco cobrindo os ovos de tartaruga.
Subia sobre a fogueira da dança,
estendido o bailarino somado com a flor,
não pôde tocar o mar,
cortado o fogo pela mão do espelho.
Sem invocar-te, máscara golpeada de Minerva,
segue distribuindo cordeiros da espuma.
Escada entre a flor e o espelho,
a aranha abrindo a árvore na noite,
não pôde chegar ao mar.

E o caranguejo que traz uma coroa.

Tradução: Luiz Roberto Guedes

El bailarín se extiende con la flor / fría en la boca del pez, / se extiende entre las rocas / y no llega al mar. / Roto el mascarón de la Minerva, / rota la cariciosa llanura de la frente / y el casco cubriendo los huevos de tortuga. / Subía sobre la hoguera de la danza, / extendido el bailarín sumado con la flor, / no pudo tocar el mar, / cortado el fuego por la mano del espejo. / Sin invocarte, máscara golpeada de Minerva, / sigue distribuyendo corderos de la espuma. / Escalera entre la flor y el espejo, / la araña abriendo el árbol en la noche, / no pudo llegar al mar. / Y el cangrejo que trae una corona.

JOSELY VIANNA BAPTISTA

Poeta e tradutora, nasceu em Curitiba (PR), em 1957. Publicou os livros de poesia *Ar* (1991), *Corpografia* (1992) e *Outro* (2001), este último em parceria com Arnaldo Antunes. Como tradutora, colaborou na antologia *Caribe transplatino: Poesia neobarroca cubana e rioplatense*, organizada por Néstor Perlongher e fez parte da equipe responsável pela tradução da obra completa de Jorge Luis Borges. Traduziu também *Paradiso* e *Fugados*, de Lezama Lima, entre outros títulos. Josely editou o suplemento cultural *Musa Paradisíaca*, que integrava o jornal *Gazeta do Povo*, de Curitiba.

IMAGENS DO MUNDO FLUTUANTE

RIVU

A água mede o tempo em reflexos vítreos. Mudez
de clepsidras, no sobrecéu ascendem (como anjos suspensos
numa casa barroca), e em presença de ausências o tempo
se distende. Uns seios de perfil, sono embalando
a rede, campânula encurvada pelas águas da chuva.

No horizonte invisível, dobras de anamorfoses;
sombras que se insinuam, a matéria mental.

SCHISMA

Cobre se refletindo a ouro-fio nos olhos:
sem pano nem cordame, os móbiles oscilam, barcos
sem rumo, a esmo (desertos), rio adentro
(no leito cambiante), sem remo ou vela
ao vento. Vogam no entremeio, rio afora,
no linde (os sonhos) — superfície.

Nuvens e água, pênseis, a ouro-fio nos olhos.
Inverso de mortalha, os lençóis correm em álveos:
os barcos têm velâmens.

RESTE

Um vento anima os panos e as cortinas oscilam,
fronhas de linho (sono) áspero quebradiço; o sol passeia
a casa (o rosto adormecido), e em velatura a luz
vai desenhando as coisas: tranças brancas no espelho,
relógios deslustrados, cascas apodrecendo em seus volteios
curvos, vidros ao rés do chão reverberando, réstias.
Filamentos dourados unem o alto e o baixo

— horizonte invisível, abraço em leito alvo:
velame de outros corpos na memória amorosa.

VELU

Lúcido pergaminho, pele argêntea, de prata
(bolsa d'água, placenta), nas raízes aéreas. A cera
e a polidez da pétala encoberta: brácteas
que se abrem (túnica) e desabrocham: filandras
e nervuras na placidez selvagem — flor
e acontecimento que se desdobra em flor.
(Velâmens, em camadas, evoluem no ar.)

A gravidez sem peso dos pecíolos no limbo.

OS POROS FLÓRIDOS
(Canto III, fragmento)

*Fim de tarde, as sombras suam
sua tintura sobre as cores, extraem
da fava rara da luz o contorno das coisas,
as rugas na concha de um molusco,
grafismos, vieiras milenares com reservas
de sal, poema estranho trançado
em esgarços de oleandros,
enquanto corpos
mergulham em câmara lenta,*

e nada é imagem
(teu corpo branco em mar de sargaços),
nada é miragem
na tela rútila das pálpebras.

As sombras suam, ressumbram,
e essa é a sombra mais certa
das sombras calcinadas que me cercam.
Quero levá-la no corpo,
como um amor, como inscrição rupestre
no granito, como o verso
que um tuaregue cola ao corpo.

Quero levá-la comigo, como um amor,
como essa ausência azul que assombra
a noite e sonha o contorno de um rosto
no escuro, como se quisesses desenhá-lo.

*

Nenhum lugar. Lugar algum perdura.
Um ventre a sombra alisa, um plano
o sol levanta, cumes que o vento
plissa. Sol branco, sol negro, o vento
apaga os rastros da areia, apaga
os passos da língua. E o sol
a pino assola, o frio da lua cresta
a pele que se solta,
o suor do corpo em febre
que se solta, e as peles são silêncios,
poemas que se deixam,
e o lugar é aqui, e lá, e ontem,
e as letras voam, revoam,
espreitam como cobras sob a areia
(camaleões se escondendo em si mesmos),
espiam as peles que se espalham, página
ou pálea, corpo que se desveste, desmente,
desvaira: tudo é miragem.

Um som de antigas águas apagadas.

É miragem a rima, a fábula do nada,
as falhas dessa fala em desgeografia,
a fala hermafrodita, imantação de
astilhas,
a voz na transparência, edifícios de
areia.

Mas teu olhar o mesmo, em íris-diafragma,
fotogramas a menos na edição do livro,
e o enredo sonho e sol, delírios insulares,

teu olhar transparente, a imagem
margem d'água, e as fábulas da fala,
as falhas desse nada — superfície de
alvura

ou árida escritura.

Na moldura da página,
marginália de escarpas.

LEÓN FÉLIX BATISTA

León Félix Batista nasceu em Santo Domingo (República Dominicana) em 1964. Viveu em Nova York por quase quinze anos, e, nesta cidade, publicou *El oscuro semejante* (1989), *Tour por todo* (1995), *Negro eterno* (1997, prêmio Casa de Teatro Taller), e *Vicio* (1999). Na Argentina, publicou *Crónico* (2000), e, na República Dominicana, *Burdel Nirvana* (2001). León é correspondente da revista literária *Tsé Tsé*, de Buenos Aires. Colabora com outros importantes diários e revistas da América Latina, EUA e Espanha com poemas, ensaios, traduções e entrevistas. O autor participou de várias antologias, entre elas *Latino Poetry in the United States* (Latin American Writers Institute, NY, 1998) e *Muestra de la poesía latinoamericana en Nueva York* (Poesía, Venezuela, 1997). No Brasil, foi publicada uma antologia de seus poemas, *Prosa do que está na esfera* (Olavobrás, 2003), com traduções de Claudio Daniel e Fabiano Calixto.

ALMÍSCAR

Com toda a avidez de sua carne de tubérculo, o plasma dá um aroma fechando-se e ancorando. Espessos miasmas, conchas, que estimulam mares acres com vestígios nas veias de sua grande conflagração. Sua crônica se impõe ao encarnar constantemente, rompendo em um tumulto exacerbado: pelas lubricidades de excelências voluptuosas nas quais estão patentes tempestades de desejo. Quanto mais inerte seja mais cobiça escavá-lo. Para sua propaganda e tratamento nos sentidos.

Tradução: Claudio Daniel

ALMIZCLE / Con toda la avidez de su carne de tubérculo el / plasma da un aroma cerrándose y anclando. / Espesos miasmas, conchas, que estimulan / mares acres con vestigios en las venas de su / gran conflagración. Su crónica se impone al / encarnar constantemente, rompiendo en un / tumulto exacerbado: por las lubricidades de / excelencias voluptuosas en las que están / patentes tempestades de deseo. Cuanto / más inerte sea más codicia excavarlo. / Para su propaganda y tratamiento en los / sentidos.

TONEL DE UMA DANAIDE

A Gabriel Jaime Caro

Ocorre nessa arena brutal do sentimento: falaram-me de um anfíbio e achei este indício tônico, este assistir o fumo com três falanges mansas e linhas de balé quando assume um cigarro. Calado em seu tonel (cujo esquema é meu frontal) propende sem estrias à multiplicação, assim pese ao frontal correcionário de tudo quanto habite no pretérito. Por ele não é insólito que abruptamente invada, todo um cúmulo fluido que retifico diáfano ao prever sua dispersão.

Tradução: Claudio Daniel

TONEL DE UNA DANAIDE / A Gabriel Jaime Caro / *Ocurre en esa arena brutal del sentimiento: / me hablaron de un anfibio y hallé este indicio / tónico, este asistir el humo con tres falanges / mansas y líneas de ballet cuando asume un / cigarrillo. Calado en su tonel (cuyo esquema / es mi frontal) propende sin estrías a la / multiplicación, así pese al frontal / correccionario de todo cuanto habite en el / pretérito. Por ello no es insólito que / abruptamente invada, todo un cúmulo fluido / que rectifico diáfano al prever su dispersión.*

BIANCA JAGGER DEPILANDO-SE ANTE WARHOL

O sorriso é um diagrama de excelente carnadura; se estabelece em claro-escuros de fotografia vulgar. Uma axila ao meridiano, um vazio sem mangues que se reproduziram depois de serem cortados. Com uma metade negra e na outra grude-gris a realidade quadrada para ti é desequilíbrio: desemboca em desembarques deprimidos de seu decote e o cabelo de sarçais mais a ascese da toalete. E nem o olho nem a lente calarão sua massa em crise confinando-a a sua insólita imobilidade.

Tradução: Claudio Daniel

BIANCA JAGGER RASURANDOSE ANTE WARHOL / *La sonrisa es un diagrama de excelente / carnadura; se establece en claroscuros de / vulgar daguerrotipia. Una axila al meridiano, / un vacío sin manglares que se reprodujeran / depués de ser talados. Con una mitad / negra y en la otra gris-engrudo la realidad / cuadrada para ti es desequilibrio: / desemboca en desembalses deprimidos de / su escote y el cabello de zarzales más la / ascesis del afeite. Y ni el ojo ni la lente / calarán su masa en crisis confinándola a su / insólita inmovilidad.*

MÁRIO EDUARDO ARTECA

Mário Eduardo Arteca nasceu em La Plata (Argentina) em 1960. Poeta e jornalista, colaborou em diversas revistas literárias, como *Diario de Poesia*, *Los Amigos del Ajeno* (Costa Rica) e *Tsé Tsé* (Argentina). Na Internet, pode ser acessado o e-book *La Impressión de un Folleto* (Civiles Iletrados, Uruguai; Correo Extremaficción, Israel). Em 2000, obteve o segundo lugar no Prêmio Hispanoamericano VOX-Diario de Poesia, e em 2003 publicou o livro de poemas *Guatambu*.

LARRY RIVERS por John Ashbery
Galería Rive Droite, 1962.

Larry pinta tudo o que aparece
a seu alcance.
Nisto pensava Lautréamont
quando escreveu sobre a lógica sublime
de fazer amor com a primeira pessoa
com quem topamos na rua.
Larry pinta sua sogra
porque ficava em casa. Não pretendia
conferir-lhe algum significado universal,
nem seu oposto. Atualmente (1962)
está pintando maços de cigarros
com a graciosa seriedade de Tiépolo[18].
Não pretende dizer-nos que os objetos
comuns têm seu lugar
no sistema de coisas.
Ou que nada seja mais importante
que nenhuma outra coisa.

Fica difícil dizer o que faz.
É uma máquina como Mozart
— que enlouqueceu — e não pode
parar de rabiscar sinfonias, sonatas,
tudo isso maravilhosamente revestido
em cores, sem que seja tampouco isso,
exatamente.

LARRY RIVERS por John Ashbery / Galería Rive Droite, 1962. / *Larry pinta todo lo que se presenta / a su alcance. / En esto pensaba Lautréamont / cuando escribió sobre la lógica sublime / del hacer el amor a la primera persona / que sale al paso. / Larry pinta a su suegra / porque se quedaba en la casa. No pretendía / conferirle algún significado universal, / ni su opuesto. Actualmente (1962) / está pintando paquetes de cigarros / con la graciosa seriedad del Tiépolo. / No intenta decirnos que los objetos / comunes tienen su lugar / en el sistema de las cosas. / O que nada sea más importante / que ninguna otra cosa. / Resulta difícil decir qué hace. / Es una máquina como Mozart / — que ha enloquecido — y no puede / parar de diseñar sinfonías, sonatas, / todo ello maravillosamente revestido / en colores, sin que sea tampoco eso, / con exactitud.*

Como se vê, não é possível
ter uma posição
sobre o seu trabalho que ele mesmo
não tenha acabado de tomar, afastando-se
até alguma chamativa inferência
de sombra ou de pastel.

Está respirando algum oxigênio
inevitável, expelindo bolhas
em distinta luz e podendo
romper-se de uma vez.

Mas quem se importa.

Existem sem dúvida belos acidentes
em sua obra (não golfos, os geográficos;
nem rodoviários, os mais humanos):
pode-se desfrutar se alguém o deseja.
Só que ele não poderá esperar muito
porque está movendo-se rápido
até algum lugar. Que poderá haver
de mais lindo e comovedor
que o retrato colorido de Napoleão
sobre uma cédula de franco francês;
que poderá haver de mais atraente
que a própria mulher do artista?

Como se comprende, no es posible / colocarse en una posición / respecto de su trabajo que él mismo / no haya terminado de tomar, alejándose / hacia alguna llamativa inferencia / de sombra o de pastel. / Está respirando algún oxígeno / inevitable, expeliendo borbujas / en distinta luz y pudiendo / de una vez romperse. / Pero a quién le importa. / Existen sin duda hermosos accidentes / en su obra (no golfos, los geográficos; / no de carretera, los más humanos): / se pueden disfrutar si uno lo desea. / Sólo que él no podrá esperar mucho / porque está moviéndose de prisa / hacia algún sitio. ¿Qué podrá haber / de más hermoso y conmovedor / que el retrato a color de Napoleón / sobre un billete de banco francés; / qué podrá haber de más atractivo / que la propia mujer del artista?

E sobre isto: cuidado:
assinalará todas as partes de seu corpo
incluindo aquelas mais interessantes,
porque realmente tem muita pressa.
E então, você sabe quem virá
com ele? É certo que o fará.

E já não há tempo
para por-se a pensar
sobre como é o seu trabalho,
porque o trem está partindo
lentamente da estação,
e eu ainda na plataforma.
Premier service au départ.

Tradução: Luiz Roberto Guedes

Y sobre esto: cuidado: / señalará todas las partes de su cuerpo / incluyendo aquellas que interesarán más, / porque realmente tiene mucha prisa. / Y de paso, ¿sabía usted que se vendrá / con él? Seguro que lo hará. / Y ya no queda tiempo / para ponerse a pensar / sobre cómo es su trabajo, / porque el tren está partiendo / lentamente de la estación, / y yo aún en sus andenes. / Premier service au départ.

R.B. KITAJ por R.B. Kitaj
Três rapsódias psicológicas

I

Um meio-dia desprezível, indo
almoçar junto com a diretoria
do Cooper Union Institute of New York,
olhei sem motivo para o chão, os faróis
fechados, um punhado
de papeizinhos,
e além disso percebi:
uma série de listas de compras de armazém
(iogurte de Ohio, não. De New York sim,
que é mais fermentado); também jornais de 49,
onde Di Maggio atordoava o assombro do público
com seus lançamentos e curvas, diante do dissidente.
Uma grande foto, a ponto de haver congelado
a mão de Joe. Seu modo de ajustar a altura,
com apenas dois dedos o sentido principal do efeito,
— sua maneira de infundir semelhanças —
conformava uma língua de qualquer maneira.

A listinha de armazém e os farrapos de jornal
estavam como que aderidas à superfície
de um cartaz de publicidade
há muito abandonado ao deus-dará (Canada Dry).

R.B. KITAJ por R.B. Kitaj / Tres rapsodias psicológicas / I / *Un mediodía del desprecio, yendo / a almorzar junto con la plana mayor / del Cooper Union Institute of New York, / miré sin motivo al suelo, los faroles / en fijada, un manojo / de papeluchos, / y no sólo eso percaté: / una serie de listas de compras de almacén / (yogur de Ohio, no. De New York sí, / que es más estacionado); también diarios del 49, / donde Di Maggio aturdía el pasmo del público / con sus lanzamientos y curvas, delante del disidente. / Una gran fotografía, al punto que dejó congelada / la mano de Joe. Su forma de modelar la altura, / con dos dedos apenas el sentido principal del efecto, / — su manera de infundir similitudes — / conformaba una lengua de todos modos. / El listín de almacén y los requechos de diario / estaban como añadidos a la superficie / de una pancarta de publicidad / hace mucho abandonada al garete (Canada Dry).* /

Essa tela, superficial para meu paladar inapetente,
cabia oferecê-la a todos os sentidos.
Uma aparência tal de coisa ordenada
em favor da arte:
a partir desse instante
uma vez dentro na periferia.

Então prontamente
cancelei o almoço,
não sem antes pedir a Grace
e a Billy que guardassem bem
o comprovante de pagamento de seu repasto.
Se ao menos pudessem tirar proveito disso.

II

Agora existem rupturas, estalos, arranjos
no ar violáceo. Uma *collage* quadrada
de um metro vinte e três centímetros
deve afastar-me de toda responsabilidade:
que se incorporem. Tudo me transborda.
Alguns livros têm ilustrações.
Alguns quadros têm livros.

E então, o que se passa comigo.
Puras associações. Em 62
tenho isto: óleo e lápis. Também
intenções. Cheguei ao ponto

Una tela, superficial a mi estómago perezoso, / cabría ofrecerla hacia todos los sentidos. / Una apariencia tal de cosa ordenada / en favor del arte: / desde ese instante / una vez dentro en la periferia. / Entonces de pronto / cancelé el almuerzo, / sin antes rogarle a Grace / y a Billy, que guardasen bien / el comprobante de pago de su ingesta. / Si sólo pudiera sacársele provecho. / II / Ahora existen roturas, estallidos, arreglos / en el aire violáceo. Un collage cuadrado / de un metro veintitrés centímetros / debe alejarme de toda responsabilidad: / que se incorporen. Me rebasa todo. / Algunos libros tienen ilustraciones. / Algunos cuadros tienen libros. / Y bien, qué sucede conmigo. / Pura asociaciones. En el 62 / tengo esto: óleo y lápiz. También / intenciones. He llegado al punto /

em que um relicário diz novamente
de si o que *in eternum* dele já fora dito.
Não há nada mais que tradução contemporânea.

Como meus títulos:
Nem pisar os bulbos de flores
plantados   Uma rapsódia
psicológica   A pobreza
zomba do homem

A partir de um ponto, a muitos milhares
de quilômetros da obra a que pertence,
pode-se mudá-los depois de concluída.
Tudo isso é muito fortuito.
E simples, igual a perseguir o sentido
e depois abandoná-lo.

III

Luzes dianteiras de automóveis fazem frente
às minhas. O que é destroçar e gaguejar
à maneira de um búfalo branco, *into the dreams*.
Preparo meu terreno, se chegar até amanhã.
Se eu me cortar, e com apenas um primeiro contato
do fluxo deste sangue com os vapores de gasolina,
voará em pedaços este lindo Oldsmobile 62.
Coisa muito diferente do Hindenburg, 1933.

---

en el que un relicario dice nuevamente / de sí lo que in eternum de él ya fuera dicho. / No hay más que traducción contemporánea. / Como mis títulos: / Ni pisar los bulbos de flores / plantados   Una rapsodia / psicológica   La pobreza / ridiculiza al hombre / Desde un punto, a muchos miles / de kilómetros de la obra a que pertenece, / se puede cambiar después de concluida. / Demasiado fortuito todo esto. / Y simple, igual que perseguir el sentido / tras abandonarlo. / III / Luces delanteras de automóviles hacen frente / a las mías. Qué es deshacer y balbucear / al modo de un búfalo blanco, into the dreams. / Preparo mi terreno, si llego hasta mañana. / De cortarme, y con sólo un primer contacto / del flujo de esta sangre con los vahos, / volará en pedazos este lindo Oldsmobile 62. / Otra que el Hindenburg, 1933. /

E do meu Valiant 53,
seu chassi doente pelo bromo.
Cedo estarei na Ealing School, e logo
no Camberwell. Pensar nisso
estraga o sabor que trago nos lábios.
Deus,
amanhã será um dia chatíssimo,
e ainda por cima Paolozzi. E este fernet-cola
(agora me lembro) desfazendo minhas entranhas.
O que quer agora esse Eduardo,
com esses monóculos polarizados
num estilo tão Ray Charles.
Ele foi meu apoio na então
desértica Londres. 1958-1961.
Lembro de mim comendo costeletas de raposa
embebidas em vinagre de vinho, enquanto
no Ruskin School eram servidos delicados
purês de arenques para estudantes veteranos;
daí em diante meu estômago sacudiu sua preguiça.

E Eduardo pagava minha comida, nessa época,
mas a gratidão tem um limite;

e nesse caso não se poderia dizer
apesar do que aconteceu
que o abandonei a sua sorte.

Y que mi Valiant 53, / su chasis enfermo por el bromo. / Temprano estaré en el Ealing School, y luego / en el Camberwell. Pensar en eso / agravia el sabor a qué tragos en los labios. / Dios, / mañana será un día pesado, / y encima Paolozzi. Y este fernet-cola / (ahora lo recuerdo) deshaciendo mis entrañas. / Qué querrá ahora el Eduardo, / con esos monóculos polarizados / en un modo tan Ray Charles. / Él fue mi ayuda en la por entonces / desértica Londres. 1958-1961. / Me recuerdo comiendo costillitas de zorro / embebidas en vinagre de vino, mientras / en el Ruskin School se ofrecían depurados / purés de arenques para estudiantes avanzados; / mi estómago, de ahí en más sacudió su pereza. / Y Eduardo pagaba mi alimento, por entonces, / pero el agradecimiento tiene un límite; / y en cuyo caso no se podría decir / a pesar de lo sucedido / que lo he abandonado a su suerte. /

A minha, à guisa de diário íntimo,
foi posta em minha última tela,
a caminho de Buenos Aires.
Voltei para lá depois de seis anos,
como constará dos textos de praxe.
Um par de anos antes, segundo diz a época,
o Che esteve junto a um senhor esquálido,
de certa relevância, e que não soube
como mantê-la depois da visita.

Dediquei-me à notícia
com a única coisa que tinha à mão:

Rupturas,
arranjos e estalos,
no ar violáceo.
Óleo e *collage*.
1,23 x 1,23 m.

Tradução: Luiz Roberto Guedes

La mía, a modo de diario íntimo, / fue puesta en mi última tela / camino a Buenos Aires. / Regresé allí después de seis años, / como constará en los textos de rigor. / Un par de años antes, según dice la época, / estuvo el Che junto a un señor escuálido, / con cierta relevancia, y que no supo / cómo mantenerla después de la visita. / Me dediqué a la noticia / con lo único que tenía a mano: / Roturas, / arreglos y estallidos, / en el aire violáceo. / Óleo y collage. / 1,23 x 1,23 m.

Foto: Madalena Schwartz

NÉSTOR PERLONGHER

Néstor Perlongher nasceu em Buenos Aires (Argentina) em 1949, e faleceu em São Paulo, em 1992. Publicou, entre outros livros, os seguintes: *Austria-Hungría* (1980), *Alambres* (1987), *Hule* (1989) e *Parque Lezama* (1990), todos de poesia, além do ensaio *O negócio do michê* (1987) e da antologia de poesia latino-americana *Caribe transplatino* (1991). No Brasil, foram publicados *Lamê*, coletânea de poemas (Editora da Unicamp, 1994), e *Evita vive* (Iluminuras, 2001), seleção póstuma de contos, organizada por Adrian Cangi. Ambos os volumes foram traduzidos por Josely Vianna Baptista.

A BANDA, OS POLACOS

É uma banda, marcha na noite de Varsóvia, faz milagres
com as máscaras, confunde
a um público polaco
Os estudantes de Cracóvia olham desconcertados:
nunca viram
nada igual em seus livros
Não é carnaval, não é sábado
não é uma banda, não se marcha, ninguém vê
não há neblina, é uma banda
são serpentinas, é papel picado, o éter frio
como a neve de uma rua de uma cidade de uma Polônia
que não é
que não é
o que não é dizer que não tenha sido, ou ainda
que já não seja, ou inclusive não esteja sendo neste instante
Varsóvia com suas bandas, seus disfarces
seus arlequins e ursos carolina[19]
com sua célebre paz — falamos da mesma
a que reina
recostada no Vístula
o proceloso rio onde cai
a banda com seus apitos, suas cores, seus chachachás carnosos

---

LA MURGA, LOS POLACOS / *Es una murga, marcha en la noche de Varsovia, hace milagros / con las máscaras, confunde / a un público polaco / Los estudiantes de Cracovia miran desconcertados: / nunca han visto / nada igual en sus libros / No es carnaval, no es sábado / no es una murga, no se marcha, nadie ve / no hay niebla, es una murga / son serpentinas, es papel picado, el éter frío / como la nieve de una calle de una ciudad de una Polonia / que no es / que no es / lo que no es decir que no haya sido, o aún / que ya no sea, o incluso no esté siendo en este instante / Varsovia con sus murgas, sus disfraces / sus arlequines y osos carolina / con su célebre paz — hablamos de la misma / la que reina / recostada en el Vístula / el proceloso río donde cae / la murga con sus pitos, sus colores, sus chachachás carnosos*

produzindo nas águas eriçadas um ruído a salpicão
que ninguém atende
posto que não há tal banda, e ainda que houvesse
não estaria em Varsóvia, e isso todos
os polacos sabem

Tradução: Claudio Daniel

---

produciendo en las aguas erizadas un ruido a salpicón / que nadie atiende / puesto que no hay tal murga, y aunque hubiérala / no estaría en Varsovia, y eso todos / los polacos lo saben

OS ORIENTAIS[20]

*"Os orientais
não se dobram
....
..........................,"*
(copla)

Surdo
era o silêncio da 18 de Julho quando começaram a apagar-se
as últimas luzes e você e Nelson perderam os meninos
nada mais
estava o casal de argentinos dando voltas no escuro
as Forças de Segurança e o sol de Carrasco às 19 indo embora
Como você usava roupas justas porque os senhores
de Sally já haviam emigrado, e não a amava...
Faltavam cigarros; Walter, Franklin
conheciam portenhos e fumavam
em Colônia, à chegada do vapor, enquanto
o país se esvaziava e fora das filas

LOS ORIENTALES / *"Los orientales / no se doblegan / .... / ...."* / *(copla) / Sordo / era el silencio de la 18 de Julio cuando empezaron a apagarse / las últimas luces y Nelson y tú perdieron a los botijas / nada más / estaba la pareja de argentinos dando giros en el oscuro / las Fuerzas de Seguridad y el sol de Carrasco a las 19 yéndose / Como te vestías de justo porque los señores / De Sally ya habían emigrado, y no la amabas... / Faltaban cigarrillos; Walter, Franklin / conocían porteños y fumaban / en Colonia, a la llegada del vapor, en tanto / el país se vaciaba y fuera de las colas*

apenas se viam engraxates, e ninguém
compra seu amor que se desvalorizava como o peso   Os turistas
te olhavam fascinados e apaixonando-se por você
queriam te levar ao Rio, a San Isidro
mas sempre desapareciam do hotel uma hora antes
e que sentido tinha vagar pelo cais para despedidas:
faziam bay bay com uma mão e riam
e te perguntavam das bocas, no Carnaval da Cidade Velha
entre os negros descoloridos, com fastígio
Só pensavam em sexo sexo sexo   Líber, Derby
Desde os hotéis de Retiro escreviam às famílias e buscavam
No meio da noite outros rapazes que os levavam a viver
por uma hora ou duas e os abandonavam
depois de drogá-los
e caminhavam por ruas intermináveis onde se sentia
o ácido do rio

Tradução: Claudio Daniel

---

apenas se veían lustrabotas, y nadie / compra tu amor que se devaluaba como el peso   Los turistas / te miraban fascinados y enamorándose de ti / querían llevarte a Río, a San Isidro / pero siempre desaparecían del hotel una hora antes / y qué sentido tenía vagar por el embarcadero y despedirlos: / hacían bay bay con una mano y se reían / y te preguntaban por los topos, en el Carnaval de Ciudad Vieja / entre los negros descoloridos, con fastidio / Sólo pensaban en el sexo sexo sexo   Líber, Derby / Desde los hoteles de Retiro escribían a las familias y buscaban / En medio de la noche otros muchachos que los llevaban a vivir / por una hora o dos y los abandonaban / después de darles de drogar / y caminaban por calles interminables donde se olía / el ácido del río

O AYAHUASQUEIRO

sobre uma pintura de Pablo Amaringo

FOSFORESCENTE DELFINADO: pélago casteleiro em celestinagem morenos membros de meninos submergem sobressaindo rubra a cabeça da água onde nadam ou brincam escamosos unicórnios-domar simulando lado a lado atrás de uma sereia, delfim enamorado pelo azul nas ondas que sulca em saltos, seu sutil desmunhecar — de áureas linhas de raios orlado — ressalta no mergulho a redonda divisão dos grandes volumes molhados. Da água um pouco mais que azul, já prússia, a oleosidade transtorna o almíscar para desatar a fumaça que lambe — isto se vê — as tangas de geometrias auriverdes que cingem ou bordejam as cinturas de duas índias sem sutiã. À da direita, as vagas salpicavam uma mistura de açúcar metalizado, numa invasão de pontos, à distância da loura (arde a água embaixo) cabeleira. Da mão da outra saía um lencinho vermelho como pimentão que acariciava as espáduas de galápago de um sábio de chapelão achatado cujas mãos emitiam duplas rajadas de energia sanguínea como as veias do braço que alçava a irradiação. Sobre ambas náiades desnudas (finíssimos mamilos: o bico de um pincel), um templo cambojano de

---

EL AYAHUASQUERO / sobre una pintura de Pablo Amaringo / FOSFORESCENTE DELFINADO: piélago castelar en el celestinazgo morenos miembros de muchachos hienden sobresaliendo roja la cabeza del agua donde nadan o brincan escamados narvales simulando en puntilla la puntilla de atrás de una sirena, delfín enamorado de lo azul en las aguadas que casca al horadar, su sutil muñequeo — de aúreas líneas de rayas orlado — señala en su hundimiento la división redonda de los grandes volúmenes mojados. Del agua un poco más que azul, ya prusia, la calidad oleosa trastorna del almizcle a fin e desatar una humareda que lama — eso se ve — las polleras de geometrías auriverdes que ciñen o bordean las cinturas de una pareja de indias sin sostén. A la de la derecha los ruleros una invasión de puntos salpicaba el almíbar metalizado en peltre la extensión de la blonda (arde el agua e abajo) cabellera. De la mano de la otra salía un pañuelito bermejo cual ají que acariciaba las espaldas de galápago de un sabio de sombrero achatado cuyas manos emitían ondas parejas de energía sanguínea como las venas del brazo que la irradiación estaba alzando. Sobre ambas náyades desnudas (finíssimos pezones: el bozo de un pincel) un templo camboyano del

cujo flanco fluia uma cascata. O sábio milagroso sobre uma esfera de águas aéreas inclinava o poder de suas falanges. Uma mulher flutuava quase submersa nesse círculo de água.

Tradução: Claudio Daniel

---

costado del cual fluía una cascada. El sabio milagroso sobre una esfera de aguas aéreas inclinaba el poder de sus falanges. Una mujer flotaba semihundida en ese círculo del agua.

ÁGUAS AÉREAS
(fragmento XXI)

O jogo do claro-escuro na folhagem largada, como um decalque, estampava de ramalhetes pontilhistas a oscilação das marombas. Havia o perigo da grande serpente fluvial, a ameaça sombria da raia, o sorriso desconfiado dos jacarés e a roída sombra da tartaruga ao submergir entre os sulcos alvoroçados. Tudo tão leve e ao mesmo tempo tão quente, tão exausto. Nos amolece com sua imensidão o céu como um casaco celeste inspirado em Femirama[21]. Uma sutil feminilidade cinzela com delicadeza os corpos trabalhados (com tachas) dos que remam e seus gestos ágeis como panteras no maconhal. Não é fácil abstrair-se no celeste quando estas superfícies bronzeadas nos deslumbram com seu acento de canto. Sem dúvida, tende-se ao sublime, sublime resplendor.

Tradução: Claudio Daniel

AGUAS AÉREAS / (fragmento XXI) / *El juego del claroscuro en la echada hojarasca, como un calco, estampaba de ramilletes puntillistas la oscilación de los andariveles. Había el peligro de la gran serpiente fluvial, la amenaza sombría de la raya, la sonrisa desconfiada de los yacarés y la raída sombra de la tortuga al submergirse entre las estelas albototadas. Todo tan leve y al mismo tiempo tan caliente, tan exhausto. Nos doblega con su inmensidad el cielo como un tapado celeste inspirado en Femirama. Una sutil femineidad cincela con delicadeza los cuerpos trabajados (a tachas) de los que reman y sus gestos ágiles como panteras en el marihuanal. No es fácil abstraerse en el celeste cuando estas superficies bronceadas nos deslumbran con su acento de canto. Sin embargo, se tiende a lo sublime, sublime resplandor.*

FORMAS BARROCAS

As volutas dos anteparos mineralizam a desordem dos volumes voluptuosos, nos claro-escuros das vibrações. Passa uma sombra pela cascata artificial.

Tradução: Claudio Daniel

FORMAS BARROCAS / Las volutas de los anteparos mineralizan el desarraigo de los volúmenes voluptuosos, en los claroscuros de cimbreos. Pasa una sombra por la cascada artificial.

OSVALDO LAMBORGHINI

Osvaldo Lamborghini nasceu em 1940, Buenos Aires (Argentina) e faleceu em 1985, Barcelona (Espanha). Publicou volumes de prosa de ficção, *El fiord* (1969) e *Sebregondi retrocede* (1973), além de obra poética reunida no livro *Poemas* (1980). Depois de seu falecimento, na Espanha, foi publicada boa parte de sua produção ficcional, sob o título *Novelas y cuentos* (1988).

NOTAS INVERNAIS DE UM DEPUTADO INFELIZ?

(fragmento)

E terminada esta parte do culto
negra na névoa da noite
a deusa
A Menina da Fronteira vem para contemplar
para contemplá-las
salvas de sua própria contemplação

No ar espesso e opaco
a deusa vem
mas ainda não chega
envolta em névoa
detida.

Lábio a lábio libando restos
os casais se dizem tadeíces[22]
à espera:
falam dos tadeis
num dialeto que as amedronta.
No círculo do amor e ao culhão do fogo
o barro dissolve a neve
e as cartilagens e aletas falseiam no gelo.
Em ponta, os casais se alvejam
com vômitos ternos,

¿*NOTAS INVERNALES DE UN DIPUTADO INFELIZ? / (fragmento)* / Y terminada esta parte del culto / negra en el humo de la noche / la diosa / La Niña de la Frontera viene a contemplar / a contemplarlas / salvas de su propia contemplación / *En el aire espeso y opaco / la diosa viene / pero aun no llega / envuelta en humo / detenida. / Labio a labio libando restos / las parejas se dicen tadeadas / a la espera: / hablan de los tadeis / en un dialecto que las acoquina. / En el círculo del amor y al cojón del fuego / el barro disuelve la nieve / y los cartílagos y aletas se trucan en el hielo. / En punta, las parejas se flechan / con vómitos tiernos*

uma maneira de empanturrar-se
mutuamente os ocos.
Atirando as madeixas da náusea ou regurgitação última
dormem abraçadas
por vezes, até antes de a deusa vir
como se fossem um só corpo,
tadeu.

Enlouquecidos no silêncio
os escassos animais sobreviventes
esbordoados pelo frio horror
aproveitam e abandonam o lago.
Nos olhos levam apenas vazio,
densa supuração.
No cimo todavia se demoram
na última tentativa de comer isso que semeiam e não vêem:
pupilas.

*Chega A Menina para os olhos que, abertos, a esperam,
desejam
Chega: beleza da morte.*

A deusa. Os poucos,
os muito poucos que estavam em condições de fazê-lo,
praticaram uma abertura
aberta no telão
e a deusa apareceu.

---

una manera de rellenarse / mutuamente los huecos. / Tirando del bucle de la náusea o regurgitación postrera / abrazadas se duermen / antes a veces de la diosa venir / hechas un solo cuerpo, / tadeo. / Enloquecidos en el silencio / los escasos animales sobrevivientes / apaleados por el frío horror /aprovechan y abandonan el lago. / En los ojos llevan solamente vacío, / densa supuración. / En el colmo todavía se demoran / en el último intento de comer eso que siembran y no ven: / pupilas. / Llega La Niña a los ojos que abiertos la espera / desean / Llega: belleza de la muerte. / La diosa. Los pocos, / los muy pocos que estaban en condiciones de hacerlo, / practicaron una abertura / abierta en el telón / y la diosa apareció.

Ela é sua própria armadura
fundida em sua própria armação
que nela se reabsorve
assim
desenhando outra vez e afora
uma imagem nunca interior.
Mostra ela sua graça ao andar
apesar dos requebros dos torpes rabos, vastos:
mostra
seu fino
talhe de lágrima
de arqueada
fita de monóculo.
E seu fim (ao cabo de quadris)
Seu traseiro fino
Gracioso.
Há, no culto de hoje,
um detalhe sobreimpresso:
infiltraram o asqueroso
animal em sua coroa.
Não importa.
O ridículo
a imensa indecência da touca
com ela é outra coisa
que a ela não toca.

Eu esperava.
Eu sou o verdadeiro,
o que não muda por uma imagem chocha.

Ella es su propia armadura / fundida en su próprio armazón / que en ella se reabsorbe / así / dibujando otra vez y afuera / una imagen nunca interior. / Muestra ella su gracia al andar / pese a los quiebres de las torpes ruedas, vastas: / muestra / su fino / talle de lágrima / de cimbreante / cinta de monóculo. / Y su fin (al cabo de caderas) / Su trasero fino / Gracioso. / Hay, en el culto de hoy, / un detalle sobreimpreso: / infiltraron el asqueroso / animal en su corona. / No importa. / La ridiculez / la inmensa indecencia de la toca / con ella es otra cosa / a ella no la toca. / Yo esperaba. / Yo soy el verdadero, / el que por una imagen huera no se cambia.

Eu sou o único e o certo,
o único tu de sua medida.

Eu lhe ofereci sua própria estátua
feita em escala mais fina e aliviada
toda leviana do triste animal da matança.
Eu em seu passo lhe mostrei a estátua.
Eu estava ali, o único real e verdadeiro,
de joelhos na neve...

Tradução: Claudio Daniel

Yo soy el único y el cierto,/el único tú de su medida. / Yo le ofrecí su propia estatua / hecha en escala más fina y aliviada / toda liviana del triste animal de la matanza. / Yo a su paso le mostré la estatua. / Yo estaba allí, el sólo real y verdadero, / de rodillas en la nieve...

PAULO LEMINSKI

Paulo Leminski Filho nasceu em Curitiba (PR), em 1944. Poeta, ficcionista, ensaísta e tradutor, escreveu também letras de música popular, gravadas por Caetano Veloso, Morais Moreira, Itamar Assumpção, entre outros. Publicou obra numerosa, na qual se destacam os romances *Catatau* (1975) e *Agora é que são elas* (1984), os volumes de poesia *Caprichos e relachos* (1983) e *Distraídos venceremos* (1987), biografias de Jesus, Trótski, Bashô, Cruz e Sousa, reunidas no volume *Vida*, e traduções de autores como Petrônio (*Satiricon*), Samuel Beckett (*Malone morre*) e Yukio Mishima (*Sol e aço*). Paulo Leminski faleceu em 1989, e após sua morte foram publicados diversos livros póstumos, como os poemas de *La vie en close* (1991) e *O ex-estranho* (1996), além da prosa poética *Metaformose*. O autor foi incluído na antologia *Medusário*, mostra de poesia neobarroca latino-americana organizada por José Kozer, Roberto Echavarren e Jacobo Sefamí.

CATATAU

(fragmentos)

ergo sum, aliás, Ego sum Renatus Cartesius, cá perdido, aqui presente, neste labirinto de enganos deleitáveis, — vejo o mar, vejo a baía e vejo as naus. Vejo mais. Já lá vão anos III me destaquei de Europa e a gente civil, lá morituro. Isso de "barbarus — non intellegor ulli" — dos exercícios de exílio de Ovídio é comigo. Do parque do príncipe, a lentes de luneta, CONTEMPLO A CONSIDERAR O CAIS, O MAR, AS NUVENS, OS ENIGMAS E OS PRODÍGIOS DE BRASÍLIA. Desde verdes anos, via de regra, medito horizontal manhã cedo, só vindo à luz já sol meiodia. Estar, mister de deuses, na atual circunstância, presença no estanque dessa Vrijburg, gaza de mapas, taba rasa de humores, orto e zoo, oca de feras e casa de flores. Plantas sarcófagas e carnívoras atrapalham-se, um lugar ao sol e um tempo na sombra. Chacoalham, cintila a água gota a gota, efêmeros chocam enxames. Cocos fecham-se em copas, mamas ampliam: MAMÕES. O vapor umedece o bolor, abafa o mofo, asfixia e fermenta fragmentos de fragrâncias. Cheiro um palmo à frente do nariz, mim, imenso e imerso, bom. Bestas, feras entre flores festas circulam em jaula tripla — as piores, dupla as maiores; em gaiolas, as menores, à ventura — as melhores. Animais anormais engendra o equinócio, desleixo no eixo da terra, desvio das linhas de fato. Pouco mais que o nome o toupinambaoults lhes signou, suspensos apenas pelo nó do apelo. De longe, três pontos... Em foco, Tabu, esferas rolando de outras eras, escarafuncham mundos e fundos. Saem da mãe com setenta e um dentes, dos quais dez caem aí mesmo, vinte e cinco ao primeiro bocado de terra, vinte o vento leva, quatorze a água, e um desaparece num acidente. Um, na algaravia geral, por nome Tamanduá, esparrama língua no pó de incerto inseto, fica de pé, zarolho de tão perto, cara a cara, ali, aí, esdruxula num acúmulo e se desfaz eclipsado em formigas. Pela ou na rama, você mettalica longisonans, a araponga malha ferro frio, bentevi no mal-me-quer-bem-me-quer. A dois lances de pedra daqui, volta e meia, dois giros; meia volta, vultos a três por dois. De onde em onde, vão e vem; de quando em vez, vêem o que tem. Perante o segundo elemento, a manada anda e desanda, papa e bebe, mama e baba. Depois da laguna, enchem a anterior lacuna.

Anta, nunca a vi tão gorda. Nuvens que o gambá fede empalidecem o nariz das pacas. Capivara, estômago a sair pelas órbitas, ou, porque fartas se estatelarem arrotando capinzais ou, como são sabem senão comer, jogam o gargalo para o alto, arreganhando a dentadura, tiriricas de estar sem fome. Ensy, joão chamado bobo, não tuge nem muge, não foge tiro, brilho nem barulho — gálbula, brachyptera, insectívora, taciturna, non scansoria, stupida —, para jogar sério a esmo. Monos se penteando espelham-se no banho das piranhas, cara quase rosto no quasequase das águas: agulhas fazem boa boca, botam mau olhado anulando-lhes a estampa, símios para sempre. Na aguada, o corpanzil réptil entretece lagartos e lagostas. Mostros da natura desvairada nestes ares, à tona, boquiaberta, à toa, cabisbaixa, o mesmo nenhum afã. Tira pestana ao sol, uma jibóia que é só borboletas. Tucanos atrás dos canos, máscara sefardim, arcanos no tutano. Jibóia, no local do crime, desamarram espirais englobando cabras, ovelhas, bois. Chifres da boca para fora — esfinges bucefálicas entre aspas — decompõem pelos mangues o conteúdo: cospem cornos o dobro. Exorbitantes, duram contos de séculos, estabelece Marcgravf, na qualidade de profeta. Vegetam eternidades. Crias? Mudas? Cruzam e descruzam entre si? Não, esse pensamento, não, — é sístole dos climas e sintoma do calor em minha cabeça. Penso mas não compensa: a sibila me belisca, a pitonisa me hipnotiza, me obelisco, essa phyton medusa e visa, eu paro, viro paupau, pedrapedra. Dédalos de espelho de Elísio, torre babéu, hortus urbis diaboli, furores de Thule, delícias de Menrod, curral do pasmo, cada bicho silencia e seleciona andamentos e paramentos. Bichos bichando, comigo o que se passa? Abrir meu coração a Artyczewski. Virá Artyczewski. Nossas manhãs de fala me faltam. Um papagaio pegou meu pensamento, amola palavras em polaco, imitando Artyczewski (Cartepanie! Cartepanie!). Bestas geradas no mais aceso do fogo do dia... Comer esses animais há de perturbar singularmente as coisas do pensar. Palmilho os dias entre essas bestas estranhas, meus sonhos se populam da estranha fauna e flora: o estalo de coisas, o estalido dos bichos, o estar interessante: a flora fagulha e a fauna floresce... Singulares excessos... In primis cogitationibus circa generationem animalium, de his omnibus non cogitavi. Na boca da espera, Artyczewski demora como se o parisse, possesso desta erva de negros que me ministrou, — riamba, pemba, gingongó, chibaba, jererê, monofa, charula, ou pango, tabaqueação de toupinambaouls, gês e negros minas, segundo Marcgravf. Aspirar estes fumos de ervas, encher os peitos nos hálitos deste mato, a essência, a cabeça quieta, ofício de ofídio. Cresce de salto o sol na árvore vhebehasu, que pode ser enviroçu, embiraçu, imbiroçu, aberaçu, aberraçu, inversu, inveraçu, inverossy, conforme as incertezas da fala destas plagas onde podres as palavras perdem sons, caindo em pedaços pelas bocas dos bugres, fala que fermenta. Carregam pesos nos beiços, pedras, paus, penas, mor de não poder falar: trazem bichos vivos na boca. Olho, penso esse bicho, o bicho me pisa na cabeça, o ventre pesa a carne, carcomido. O movimento dos animais é augusto e lento, todos se olhando de jaula para jaula e para mim. O silêncio eterno desses seres tortos e loucos me apavora. A árvore vhebehasu espreguiça à luz das suas moléstias venéreas a carne esponjosa, descascando verrugas na pedra-pomes; bafejando halos de pólen, espirais elásticas desgrudam membranas, pingando ranho, o pus ao gosto das sanguessugas, carunchando o fole dos favos em ogivas e meandros, fonte donde cipós passam a saliva que abastece o mercado dos cupins; a lepra mucosa das parasitas contagia o húmus com o entusiasmo das gosmas pelo pacto de vida e morte entre o reino de Alhos com o império de Bugalhos; nas maltraçadas, uma fênix esquenta o côncavo das garras perante um fogo-fátuo; por ela, um basilisco põe a mão incombustível no fogo, a maneja e manja, suscitando manifestações de desagrado por parte de um arcoíris, rendido em bolhas e flocos de pó — as folhas, orelhas, aplaudem brotos — olhosclitóris, cuja coceira deu em mel muito procurado por suas virtudes ainda insuficientemente esclarecidas; um látex se responsabiliza pela animação hidráulica dos poros furos das formigas; a partir dos galhos, tufos subsidiários frutos tumores ninhos de marimbondos, onde toupinambaoults com febre vêm caçar maracanãs. Comer os quatro comissionados a trazê-la do infinito bravio. Da boca à sopa, as águas sobem. Sobem. SOBEM. Folias, a boca aberta por dentro do chão, bebendo rios e a substância das pedras, narina marinha, vejo baleias: o mar de Atlas limita-me pelas tribos cetáceas e o lado poente pelos desertos de ouro, donde sopra o vento oriundo do reino dos incas. Ali na praia, vomitam âmbar. Vejo coisas: coisa vejo? Plantas comem carne. Besteiras dessas bestas cheias de bosta, vítimas das formas em que se manifestam, tal qual lobriguei tal dentro das entranhas de bichos de meio com mais recursos. E os aparelhos óticos, aparatos para meus disparates? Este mundo é feito da substância que brilha nas extremas lindezas da matéria. No realce de um relance, sito no centro de um círculo, uma oitiva diminuta descreve uma dízima do período de pontos de vista definitivos. Vigiando, evidenciar-nos-emos. Em meados do percurso, o circuito assume um novo ciclo, sumindo com estes olhos que a terra quer comer mas, com os meus, antes que os coma, vejo a terra: nuovo artifizio dun occhiale cavato dalle più recondite speculazioni di prospettiva disse Galileu se move inaugurando a santidade da contemplação crtistal onde cada coisa vem perfazer seu ser. Contém o próximo e o mantém longe, o verrekyker. Ponho mais lentes na luneta, tiro algumas: regulo, aumento a mancha, diminuo, reduzo a marcha, melhoro a marca. O olho cresce lentes sobre coisas, o mundo despreparado para essa aparição do olho, onde passeia não cresce mais luz, onde faz o deserto chamam paz. Um nome escrito no céu — isolo, contemporizo, alarme na espessura, multiplico explicações, complicando o implícito. Trago o mundo mais para perto ou o mando desaparecer além do meu pensamento: árvores, sete, um enforcado, uma vela acesa em pleno dia! Escolho recantos selecionando firmamentos, distribuo olhares de calibre variado na distância de vário calado. Parto espaços entre um aumento e um afastamento em cujos limites cai como uma luva minha vertigem. O Pensamento desmantela a Extensão contínua. Excentricidade focal, uma curva em tantas rupturas que a soma das distâncias de cada um de seus pontos com inúmeros diâmetros fixos no trajeto da queda guarde constante desigualdade a uma longitude qualquer. Imprimindo prosseguimento à análise, um olhar sem pensamento dentro, olhos vidrados, pupilas dilatadas, afunda no vidro, mergulha nessa água, pedra cercada de rodas: o mundo inchando, o olho cresce. O olho cheio sobe no ar, o globo dágua arrebentando, Narciso contempla narciso, no olho mesmo da água. Perdido em si, só para aí se dirige. Reflete e fica a vastidão, vidro de pé perante vidro, espelho ante espelho, nada a nada, ninguém olhando-se a vácuo. Pensamento é espelho diante do deserto de vidro da Extensão. Esta lente me veda vendo, me vela, me desvenda, me venda, me revela. Ver é uma fábula, — é para não ver que estou vendo. Agora estou vendo onde fui parar. Eu vejo longe. Pensamento me deu um susto, nó górdio na cabeça, que fome! Uma arara habilita-se a todos os escândalos sem ser Artiszewski. Jazo sob o galho onde o bicho preguiça está. Eis a presença de ilustre representante da fauna local, cujo talento em não fazer nada chega a ser proverbial, abrilhanta a áurea mediocridade vigente. Requer uma eternidade, para ir dez palmos, esta alimária, imune ao espaço, vive no tempo. Este mundo não se justifica, que perguntas perguntar? Devo lazer. Esta bruta besta, temperando a corda ao contrário dos ponteiros dum relógio, para nunca conduzir-se, estacionou incógnita na reta. Aí no galho. Versar com as pessoas é dividir o todo que somos em partes, para efeitos de análise, para sermos compreendidos, mister lembrar Articsewski da desgraça da preguiça que se abateu sobre mim. A fumaça acima não a demove tão pouco de seus propósitos absenteístas. Este mundo é o lugar do desvario, a justa razão aqui delira. Pinta tanto bicho quanto anjo em ponta de agulha bizantina, a insistência irritante desses sisteminhas nervosos em obstar uma Idéia? Nunca se acaba de pasmar bastante, novo pânico põe fora de ação o pensamento. Bichos se fazem reverência, camaleões aos salamaleques viram salomões de doutos cromatismos, afinidades infinitas afinam e desafinam espécies. Formigas da noite picam uma árvore com bandos de papagaios e tudo, acabando de dormir para esticar o esqueleto. Este calor acalma o silêncio onde o pensamento não entra, ingressa e integra-se na massa. Sussurros clandestinos acusam a aproximação de peregrinos. O senhor vai assim toda vida e termina a vida por aí. Muito me admira mas admitir pouco, cada localidade ponha-se no seu lugar. Não, esse pensamento recuso, refuto e repilo! Constato crescerem em mim, contra o degas e em prol dessa joça. Sabe de que está falando? Não? Estranho proceder! Nada aqui onde apóies pensar, não é casa da sogra essa falta de estátuas nas tumbas, sarcófagos nos palácios, epitáfios nos obeliscos, triunfos nos arcos, estirpes nos nomes. Fico feito um sísifo, deixando insatisfeitas as voltas automáticas das hipóteses. Coordenadas em ordem, a própria, entregue à própria sorte.

RAÚL ZURITA

Raúl Zurita nasceu em Santiago (Chile), em 1951. Publicou os seguintes livros: *Purgatorio* (1979), *Anteparaíso* (1982), *Canto a su amor desaparecido* (1985) e *El amor de Chile* (1987), este último com fotografias de Renato Srepel. Atualmente, o autor leciona no Chile, após ter sido adido cultural na embaixada chilena em Roma.

ÀS IMACULADAS PLANÍCIES

i. Deixemos passar o infinito do Deserto de Atacama

ii. Deixemos passar a esterilidade destes desertos

Para que desde as pernas abertas de minha mãe se
levante uma Súplica que se cruze com o infinito do
Deserto de Atacama e minha mãe não seja então
mais do que um ponto de encontro no caminho

iii. Eu mesmo serei então uma Súplica encontrada
no caminho.

iv. Eu mesmo serei as pernas abertas de minha mãe

Para que quando vejam alçar-se ante seus olhos as desoladas
paisagens do Deserto de Atacama minha mãe se concentre
em gotas de água e seja a primeira chuva no deserto

v. Então veremos aparecer o Infinito do Deserto

vi. Virado sobre si mesmo até dar com as pernas
de minha mãe

A LAS INMACULADAS LLANURAS / i. Dejemos pasar el infinito del Desierto de Atacama / ii. Dejemos pasar la esterilidad de estos desiertos / Para que desde las piernas abiertas de mi madre se / levante una Plegaria que se cruce con el infinito del / Desierto de Atacama y mi madre no sea entonces sino / un punto de encuentro en el camino / iii. Yo mismo seré entonces una Plegaria encontrada / en el camino. / iv. Yo mismo seré las piernas abiertas de mi madre / Para que cuando vean alzarse ante sus ojos los desolados / paisajes del Desierto de Atacama mi madre se concentre / en gotas de agua y sea la primera lluvia en el desierto / v. Entonces veremos aparecer el Infinito del Desierto / vi. Dado vuelta desde sí mismo hasta dar con las piernas / de mi madre

vii. Então sobre o vazio do mundo se abrirá completamente o verdor infinito do Deserto de Atacama

Tradução: Claudio Daniel

---

vii. Entonces sobre el vacío del mundo se abrirá / completamente el verdor infinito del Desierto de / Atacama

O DESERTO DE ATACAMA II

EI-LO aí   EI-LO aí
suspenso no ar
O Deserto de Atacama

i. Suspenso   sobre o céu do Chile   diluindo-se
entre auras

ii. Convertendo esta vida e a outra no mesmo
Deserto de Atacama áurico   perdendo-se no ar

iii. Até que finalmente não haja céu a não ser o Deserto
de Atacama e todos vejamos então nossos próprios
pampas   fosforescentes   cacetas   alteando-se no
horizonte

Tradução: Claudio Daniel

EL DESIERTO DE ATACAMA II / HELO allí   HELO allí / suspendido en el aire / El Desierto de Atacama / i. Suspendido   sobre el cielo de Chile   diluyéndose / entre auras / ii. Convirtiendo esta vida y la otra en el mismo / Desierto de Atacama áurico   perdiéndose en el / aire / iii. Hasta que finalmente no haya cielo sino Desierto / de Atacama y todos veamos entonces nuestras propias / pampas   fosforescentes   carajas   encumbrándose en / el horizonte

O DESERTO DE ATACAMA III

i. OS desertos de atacama são azuis

ii. Os desertos de atacama não são azuis   já já diz-me
o que queres

iii. Os desertos de atacama não são azuis porque por
ali não voou o espírito de J. Crristo que era um perdido

iv. E se os desertos de atacama fossem azuis todavia
poderiam ser o Oásis Chileno para que de todos
os rincões do Chile os felizes vissem tremular pelo
ar os pampas azuis do Deserto de Atacama

Tradução: Claudio Daniel e Luiz Roberto Guedes

EL DESIERTO DE ATACAMA III / *i. LOS desiertos de atacama son azules / ii. Los desiertos de atacama no son azules ya ya dime / lo que quieras / iii. Los desiertos de atacama no son azules porque por / allá no voló el espíritu de J. Crristo que era un perdido / iv. Y si los desiertos de atacama fueran azules todavía / podrían ser el Oasis Chileno para que desde todos / los rincones de Chile contentos viesen flamear por / el aire las azules pampas del Desierto de Atacama*

CORDILHEIRAS
(fragmentos)

BRANCAS são também as vozes dos
que se foram
Sim, branco é o destino que estas
montanhas vão tragando

(texto quíchua)

i. De loucura é o céu dos cumes   gemiam marchando
esses curtos vôos

ii. Imponentes   alvíssimas   sem deixar pedra nem pasto até
que tudo fosse sua brancura

iii. Mas não   nem bêbados acreditaram que a loucura era igual
aos Andes e a morte um encordilhado branco frente a
Santiago e que então de toda a pátria partiriam
estranhos   como uma nevada   perseguindo sua marcha

Tradução: Claudio Daniel e Luiz Roberto Guedes

CORDILLERAS / (fragmentos) / BLANCAS son también las voces de los / que se fueron / Sí, blanco es el destino que se van / tragando estas montañas / (texto quiché) / i. De locura es el cielo de los nevados   gemían marchando / esas voladas / ii. Imponentes   albísimas sin dejar piedra ni pasto hasta / que todo fuera su blancura / iii. Pero no   ni borrachos creyeron que la locura era igual / que los Andes y la muerte un cordillerío blanco frente a / Santiago y que entonces desde toda la patria partirían / extraños   como una nevada   persiguiéndoles la marcha

REINA MARÍA RODRÍGUES

Reina María Rodrígues nasceu em Havana (Cuba), em 1952. Publicou os seguintes livros: *Cuando una mujer no duerme, Para un cordero blanco, Páramo, La foto del invernadero* e *Te daré de comer como a los pájaros*. Licenciada em Literatura Hispano-americana pela Universidad de La Habana, recebeu numerosos prêmios literários em seu país e no exterior, entre eles o Prêmio Plural (México, 1991) e o Prêmio da Crítica (Cuba, 1993). Em 1988, recebeu a Ordem pela Cultura Nacional, concedida pelo Conselho de Estado da República de Cuba.

ÂMBAR

para Osvaldo

Pulseira de pedras quadradas que caem sustidas.
De cada uma se desprende
o valor de nossa amizade.
Quadrada cidade como contas de muitas cores:
quadrilátero infernal de colina em colina
desordenado para chegar a ti.
Como conto estas contas tão dispersas?
O vendedor as pesou bem na balança *sem* paixão,
mas foi enganado.
Um desperdício de contas âmbar contra o tempo
que durou nosso encontro.
O resultado de conversar sem ar lá na colina
gera uma inquietude de contemplar tua mão
(larga e cortante contra a borda do copo de cerveja).

O que ficou de nós mesmos?
A vaidade de mover as pedras
no ar insatisfeito e sem ilusão?
Flocos de milho macio, contaminados pelo vapor
do distrito, já queimados?
Carne crua do Japão, carne faminta
que estremece e entorpece a dobra de minha língua?

AMBAR / para Osvaldo / Pulso de cuadradas piedras que se caen sostenidas. / Por cada una se desprende / el valor de nuestra amistad. / Cuadrada ciudad como cuentas de muchos colores: / cuadrilátero infernal de cerro en cerro / desordenado para llegar hasta ti. / Cómo cuento estas cuentas tan dispersas? / El vendedor las pesó bien en la pecita si pasión, / pero lo engañaron. / Despilfarro de cuentas ámbar contra el tiempo / que duró nuestro encuentro. / El resultado de conversar sin aire en la colina / genera una inquietud de contemplar tu mano / (ancha y cortante contra el filo del vaso de cerveza). / Qué ha quedado de nosotros? / La vanidad de mover las piedras / en el aire insatisfecho y sin ilusión? / Hojuelas de maíz tierno contaminadas por el vapor / del distrito, ya quemadas? / Carne cruda de Japón, carne hambrienta / que estremece y entumece la doblez de mi lengua? /

Provo o sorvete de chá verde, "é como mastigar jade", tu dizes,
paralisando meu riso nervoso ao remover com a colherinha de prata
o tremor da terra,
esse tremor de minha boca que recebe de tua mão, a jóia invisível,
a promessa mantida que me dás de comer, de provar,
com a hilaridade de um passado vencido pelo presente outra vez.
"Ele foi a minha juventude", repito, para reafirmá-lo,
ainda que já saiba. E a colher retine.
Um fecho de prata no pulso para firmar um pacto
com o esforço carbonizado de querer.

Porém, as pedras dizem que voltarás ao começo
(tu, comigo).
Elas retornam agora como uma pulseira fina,
logo voltarão como um laço ao redor do pescoço
ou dentro de um relógio acostumado a mentir.
Infinita caravana de pedras sem contar,
nos rodeando.
De duas em duas, de três em três...
Quadriláteros portáteis
cuspindo cinzas art decó.

Pruebo helado de te verde, "como masticar un jade" –dices, / paralizando mi risa nerviosa al remover con la cucharita de plata / el temblor de la tierra, / ese temblor de mi boca que recibe de tu mano, la joya invisible, / la promesa sostenida que me das de comer, de probar, / con la hilaridad de un pasado vencido por el presente otra vez. / "El fue mi juventud", repito, para reafirmarlo, / aunque ya se sabe. Y la cuchara suena. / Un broche de plata en la muñeca para cerrar un pacto / con el esfuerzo carbonizado de querer. / Pero las piedras dicen que volverás al comienzo / (tú, conmigo). / Ellas regresan ahora como un pulso finito, / luego volverán como una soga alrededor del cuello / o dentro de un reloj acostumbrado a mentir. / Infinita caravana de piedras sin contar / rodeándonos. / De dos en dos, de tres en tres... / Cuadriláteros portátiles / escupiendo cenizas art decó.

— O impulso de viver — disse o vendedor, sempre nos enganando.
Mais um daqueles velhos antiquários
a quem entregamos para a vida toda o valor de nossa amizade, agora
(âmbar negro) para não adquirir nada mais que a proibição.

E eu o trouxe de volta, o escondi debaixo do travesseiro.
Ocultei-o como pude, para não mastigar vinte e quatro horas
cinzas de âmbar.
Porque já te perdi muitas vezes
entre o vermelho solitário do vulcão
arrotando sua rocha mais incandescente — tu.

Agora, as pedras que me deste hão de coroar esta erupção.
Talvez a última erupção sob minha cabeça
friamente.

Tradução: Luiz Roberto Guedes

— *El pulso por la vida* — *ha dicho el vendedor siempre estafándonos.* / *Uno más de aquellos viejos anticuarios* / *a quien entregamos de por vida el valor de nuestra amistad, ahora* / *(ámbar prieto) para no adquirir más que la prohibición.* / *Y lo traje de vuelta, lo escondí bajo la almohada.* / *Lo oculté como pude para no masticar las veinticuatro horas* / *cenizas de ámbar.* / *Porque ya te he perdido muchas veces* / *entre el rojo solitario del volcán* / *eructando su roca más incandescente, tú.* / *Ahora, las piedras que me diste coronarán esta erupción.* / *Quizás la última erupción bajo mi cabeza* / *friamente.*

AS ILHAS

veja e não descuide delas
as ilhas são mundos aparentes
cortadas no mar
transcorrem em sua solidão de terras sem raiz
no silêncio da água uma mancha
de haver ancorado só aquela vez
e colocar os despojos da tempestade e as rajadas
sobre as ondas
aqui os cemitérios são lindos e pequenos
e estão além das cerimônias
me banhei para sentar-me na grama
é a zona de sombra
onde acontecem os espelhismos
e volto a sorrir
não sei se estás aqui ou é o perigo
começo a ser livre entre esses limites que se
intercambiam:
certamente amanhecerá.

As ilhas são mundos aparentes
coberturas do cansaço nos iniciadores da
calma
sei que a realidade só esteve em mim aquela vez
um intervalo entre dois tempos
cortadas no mar

LAS ISLAS / mira y no las descuides / las islas son mundos aparentes / cortadas en el mar / transcurren en su soledad de tierras sin raíz / en el silencio del agua una mancha / de haber anclado sólo aquella vez / y poner los despojos de la tempestad y las ráfagas / sobre las olas / aquí los cementerios son hermosos y pequeños / y están más allá de las ceremonias / me he bañado para sentarme en la yerba / es la zona de bruma / donde acontecen los espejismos / y vuelvo a sonreír / no sé si estás aquí o es el peligro / empiezo a ser libre entre esos límites que se / intercambian: / seguro amanecerá. / Las islas son mundos aparentes / coberturas del cansancio en los iniciadores de la / calma / sé que sólo en mí estuvo aquella vez la realidad / un intervalo entre dos tiempos / cortadas en el mar /

sou lançada até um lugar mais tênue
as meninas que serão jovens uma vez mais
contra a sabedoria e a rigidez dos que
envelheceram
sem os movimentos e as contorsões do mar
as ilhas são mundos aparentes manchas de sal
outra mulher lançada para cima de mim que não conheço
só a vida menor
a gratidão sem pressa das ilhas em mim.

Tradução: Claudio Daniel

---

soy lanzada hacia un lugar más tenue / las muchachas que serán jóvenes una vez más / contra la sabiduría y la rigidez de los que / envejecieron / sin los movimientos y las contorsiones del mar / las islas son mundos aparentes manchas de sal / otra mujer lanzada encima de mí que no conozco / sólo la vida menor / la gratitud sin prisa de las islas en mí.

VICENT VAN GOGH
TAMBÉM PINTOU VELEIROS

não sei como se constrói um veleiro
ninguém nunca me propôs construir
um pequeno veleiro
não traziam mais que tábuas de salvação
para flutuar à deriva
eu sempre te disse que era grande o oceano
tem por imagem o vento e a madeira
o vento do mar sem que ninguém o peça
o encaminha até dias melhores
sua segurança é que o limite não existe
e a bússola não é mais que um instrumento
para não nos perdermos
antes só nos guiavam as estrelas
onde o homem e o peixe punham seus olhos
o importante é a fuga do veleiro
sua paixão pelas ondas
porque a travessia será longa
e a canção das cítaras poderia afundar-nos
sem que chegássemos
a um farol imóvel.

Tradução: Claudio Daniel

VICENT VAN GOGH TAMBIÉN PINTÓ VELEROS / no sé cómo se construye un velero / nadie me propuso nunca construir / un pequeño velero / no traían más que tablas de salvación / para flotar a la deriva / yo siempre te dije que era grande el océano / tiene por imagen el viento y la madera / el viento del mar sin que nadie lo demande / lo encamina hacia mejores días / su seguridad es que el límite no existe / y la brújula no es más que un instrumento / para no perder / antes sólo guiaban las estrellas / dónde el hombre y el pez ponían sus ojos / lo importante es la fuga del velero / su pasión por las olas / porque la travesía será larga / y la canción de las cítaras podría hundirnos / sin que lleguemos / a un faro inmóvil.

REYNALDO JIMÉNEZ

Reynaldo Jiménez nasceu em Lima (Peru), em 1959. Desde 1963 reside em Buenos Aires, Argentina, onde edita a revista literária *Tsé Tsé*, junto com Gabriela Giusti e Carlos Riccardo. Publicou os livros de poesia *Tatuajes* (1981), *Eléctrico y despojo* (1984), *Las miniaturas* (1987), *Ruido incidental/El Té* (1990), *600 Puertas* (1992), *La curva del eco* (1998) e *Musgo* (2000). Participou de inúmeras antologias de poesia, entre elas *Medusário* (1996). Criou o selo tsé=tsé, com o qual vem editando livros de autores jovens, e organizou uma antologia de poetas brasileiros contemporâneos, em versão bilíngue, publicada na edição n. 7/8 de *Tsé Tsé*.

NÃO QUERO MORRER

não quero morrer, repetia
o mudo; não cobrir-me com
pasto, exércitos santos, o
cristal com que se foge; não
repartir-me nos cristais
onde Destino adivinha ou anseia
por assar-me como a esculturas
comestíveis, repetia; já não

tenho mensagens para
enviar-me, minha rainha na água,
minha cabeça, já não posso senão
percorrê-la como castelo
deixado no centro de uma ilha,
os jogadores ficaram
adormecidos como torres,
mas a luz não é
deste mundo e este mundo

não é este — os meninos
não queriam morrer, os meninos não
sabiam como dormir debaixo
dos lençóis sem dar as
costas empapadas a esse pulsar
de cristal de adaga; os meninos

NO QUIERO MORIR / no quiero morir, repetía / el mudo; no cubrirme con / pasto, ejércitos santos, el / cristal con que se huye; no / repartime en los cristales / donde Destino adivina o late / para asarme como a esculturas / comestibles, repetía; ya no / tengo envíos para / hacerme, mi reina al agua, / mi cabeza, ya no puedo sino / recorrerla como castillo / dejado en eje de una isla, / los jugadores se han quedado / dormidos como torres, / pero la luz no es / de este mundo y este mundo / no es éste — los niños / no querían morir, los niños no / sabían cómo debajo dormir / de la sábana sin dar la / empapada espalda a ese pulso / de cristal de daga; los niños

se tocavam e do desejo de si
faziam os gestos do padecer,
mancha, ou parecer, estátuas,

   e ele não sorria,
Virgem nem palidez
em um cristal com névoa
cortada; os meninos tinham
ganchos, com eles se mediam,
tomavam o dia, pulsar
entre ocos, e ocos — não quero

   atravessar as idades,
repetia, não quero ser, atravessável,
atravessado, nem possessão de mim
e, Ninguém, como Tu,
longo destino
na porta, para assar-me
ao longo; de algum modo pasto
não quero ser de mundo
algum.

Tradução: Claudio Daniel

---

se tocaban y del deseo de sí / hacían los gestos del padecer, / mancha, el parecer, estatuas, / y ello no sonreía, / Virgen ni palidez / en un cristal con niebla / cortada; los niños tenían / garfios, con ellos se medían, se / tomaban el día, pulso / entre huecos, y huecos— no quiero / atravesar las edades, / repetía, no quiero ser, atravesable, / atravesado, ni pertenencia de mí / y, Nadie, como Tú, / largo destino / en la puerta, para asarme / a lo largo; de algún modo pasto / no quiero ser de mundo / alguno.

A IMPREGNAÇÃO

onde disse, afiado,
cabelos, deveria ressoar
cavalos; onde imprecação,
talvez imbricação, ou
ainda invitação. de mão
a mão, se reparte o cosmos:

imundície sobre bocas,
deserto as costelas,
cabeças e cabeças e cabeças e
(pendem dos mastros)
trilhas da tartaruga na praia,
um segundo antes de ser
tragada pelas aves de passagem

ou pelo mar. mentira:
onde disse trilhas deveria ouvir-se
colo e onde tartaruga, terra:
colo da terra entreouvida,

lepra nas entranhas. dizem,
a terra se mancha com os corpos
volvidos a sua inércia; que salvo
o fogo, tudo é marcha e escurecida

LA IMPREGNACIÓN / donde dijera, afilado, / cabellos, debiera resonar / caballos; donde imprecación, / quizá imbricación, aun / quizá invitación. desde la mano / hasta la mano, se reparte el cosmos: / basura sobre bocas, / desierto las costillas, / cabezas y cabezas y cabezas y / (cuelgan de los mástiles) / huellas de la tortuga en la playa, / un segundo antes de ser / tragada por las aves de paso / o por el mar. mentira: / donde dijera huellas debiera oírse / cuello y donde tortuga, tierra: / cuello de la tierra entreoída, / lepra en las entrañas. dicen, / la tierra se mancha con los cuerpos / vueltos a su inercia; que salvo / el fuego, todo es marcha y oscurecida

impregnação, embora corra,
a tartaruga não tem senão sombra
de albatroz, e nem o oceano poderia
regravá-la em seu fluido. a mão,
até a mão volta, mostra:

onde disse
mão deveria abrir-se fogo, e onde fogo
imbricação, invitação ao mar, terra
interdita. se parte o cosmos:

cavalos flutuam como cabelos.

Tradução: Claudio Daniel

---

impregnación, aunque corra, / la tortuga no tiene sino sombra / de albatros, y ni el océano podría / regrabarla en su fluido. la mano, / hacia la mano vuelta, muestra: / donde dijera / mano debiera abrirse fuego, y donde fuego / imbricación, invitación al mar, tierra / entredicha. se parte el cosmos: / caballos flotan como cabellos.

DE IMPROVISO

Salta, de súbito, a garra de ar
e faz do leitor aliado do leopardo.
Nas facetas diamantinas onde canta
outra luz, que não é memória, mas vê

que o olhar reconhece, apenas treme:
remontando às origens ressurge alerta
o músico instrumento do destino,
chamado tempo, no olhar do poeta.

Aqui abrem-se mais, os espaços. Acontece
o que ninguém poderia recordar ou ter
tramado. O bosque de símbolos, sim,

e juntos a pira tântrica e o ascético
deserto que dá ao rio. Também o pátio
da mandala, o templo, a rocha, o eco.

Tradução: Claudio Daniel

DE IMPROVISO / *Salta, en un santiamén, la garra de aire / y hace del lector aliado del leopardo. / En las facetas diamantinas donde canta / otra luz, que no es memoria, sino mira / que la mirada reconoce, apenas tiembla: / remontando a los orígenes resurge alerta / el músico instrumento del destino, / llamado tiempo, en la mirada del poeta. / Aquí ábrense más, los espacios. Sucede / lo que nadie podría recordar o haber / tramado. El bosque de símbolos, sí, / y juntos la pira tántrica y el ascético / desierto que al río da. / También el patio / del mandala, el templo, la roca, el eco.*

SHAKTI[23]
(fragmento)

porque adorna uma deusa, o peregrino da espécie deserta.
soletra, como a lepra do pária, uma espera intraluzente, muda
a marca de ofícios e penares em ondas aturdindo, turba ao acudir
interior de um mercado zahorí[24]. palustre o espírito sob os tules,

morada iguana; confim do contemplar, a
ponto de arrostar seu néctar, os devas[25] a corrente afinam
com o limo. com estoque[26] de antiga penetração, o estro
enquanto taumaturgo sacode o sistro[27] da mente, címbalo.

e irradiando usurpação dos prazeres interroga nosso frágil
interregno, rio seu corpo transparece sem um rol entre as pontes.
o convite ao desvio se dá invicta ao saturar de alucinares:
aves lunares roubam sementes entre o vime da mímesis.

é que esta fome é estame de uma flor que não se abre.
aquela deidade, jamais de ironia, em feixes de cariátide deleite,
ao assemelhar as boas-vindas por igual desflora a ansiedade e a alegria.
o desejo descola da sombra, e vai tão alto, que ao socairo[28]

SHAKTI / *(fragmento)* / *porque adorna una diosa, el peregrino de la especie deserta. / deletrea, como la lepra del paria, una espera intraluciente, muda / la muesca de oficios y doleres en ondas aturdiendo, turba al acudir / interior de un mercado zahorí. palustre el espíritu bajo los tules, / morada iguana; confín del contemplar, a / punto de arrostrar su néctar, los devas la corriente afinan / con el cieno. con estoque de antigua penetración, el estro / en tanto taumaturgo sacude el sistro de la mente, címbalo. / e irradiando usurpación de los placeres interroga nuestro frágil / interregno, río su cuerpo trasparece sin un rol entre los puentes. / la invitación al desvío se presta invicta al saturar de alucinares: / aves lunares roban semillas entre el mimbre de la mímesis. / es que este hambre es estambre de una flor que no se abre. / aquella deidad, jamás de ironía, en haces de cariátide deleite, / al semejar la bienvenida por igual desflora la ansiedad y la alegría. / el deseo despega de la sombra, y va tan alto, que al socaire*

nossa oração junto ao abismo é o mesmo risco do nascido.
que o desapego me pariu, não o esqueço, embora relembre
o que não aceite. lava, atrai o arisco pela rua,
isca, a poluição dos mentais, mentada pela lâmpada

que já ampara ainda a mania do Mais. quanto tempo simultâneo
amém enraíza por demais em suas desaparições... adentro o ar,
remenda essa noctívaga a ferrugem em que a sonho,
com insônia de fiel sedimento o fluxo de seu amniótico deslize.

Tradução: Claudio Daniel

---

nuestra oración junto al abismo es el mismo risco del nacido. / que el desapego me ha parido, no lo olvido, aunque memoro / lo que no aviene a devenir. lava, atrae lo arisco por la calle, / yesca, la polución de los mentales, mentada por la lámpara / que ya ampara aun la manía del Más. cuánto tiempo simultáneo / amén enraíza por demás en sus desapariciones... adentro el aire, / remienda esa noctívaga la herrumbre en que la ensueño, / con insomnio de fiel sedimento el flujo de su amniótico desliz.

ROBERTO ECHAVARREN

Roberto Echavarren nasceu em Montevidéu (Uruguai), em 1944. Poeta e crítico literário, publicou, entre outros títulos, os seguintes: *La Planicie mojada* (1981), *Animalaccio* (1986), *Aura amara* (1988), *Poemas largos* (1990) e *Margen de la ficción* (1992), entre outras obras de poesia, ensaio e crítica literária. Junto com José Kozer e Jacobo Sefamí, organizou a antologia *Medusário*, de poesia neobarroca na América Latina.

CONFISSÃO PIRAMIDAL

pirâmides formando em um momento
Julián del Casal

Se a distribuição dos azuis nesta vertigem
cônica, em vésperas de primavera
sobre a colcha, espera tudo da música
ainda que colabore para o espelhismo de finais
plenos de sentidos, é que a vida
traz seus feixes apertados, seus novelos, o torneado
turbante do qual o sol escapa girando
e não sabemos qual é a relação entre "arte" e "vida"
salvo quando o pêlo de uma gata no cio se eriça.
Se pudesses descrever a vida como uma coleção de vestidos
ou crimes que saltam à vista:
penso na foto de um indonésio com o crânio varado
por uma bala, porém esta imagem,
que está à minha disposição, é uma entre outras
e no espelhismo, nas imagens que meu corpo absorve, nas que expele,
uma onda de piolhos que, à luz tíbia da janela, aparecem na pele do macaco,

---

CONFESIÓN PIRAMIDAL / pirámides formando en un momento / *Julián del Casal* / *Si la distribución de los azules en este vértigo* / *cónico, en vísperas de primavera* / *sobre la colcha, espera todo de la música* / *aunque colabora hacia el espejismo de finales* / *plenos de sentidos, es que la vida* / *trae sus manojos apretados, sus gavillas, el torneado* / *turbante desde el cual el sol se escapa girando* / *y no sabemos cuál es la relación entre "arte" y "vida"* / *salvo cuando el pelo de una gata en celo se eriza.* / *Si pudieras describir la vida como una colección de vestidos* / *o crímenes que saltan a la vista:* / *pienso en la foto de un indonesio atravesado en el cráneo* / *por una bala, pero esta imagen* / *que está a mi disposición, es una entre otras* / *y en el espejismo, en las imágenes que mi cuerpo absorbe, en las que* / *expele,* / *una ola de piojos que a la luz tibia de la ventana, aparecen en la piel* / *del mono,* / *se desmadeja una cabellera, fijada con coágulos de sangre contra* / *un cráneo,*

se desalinha uma cabeleira, colada com coágulos de sangue contra um crânio,
mas os olhos não se correspondem com essa ou outra imagem,
são os olhos da morte, ou melhor, do estar morrendo:
vertigem da mulher que desperta no teto de seu automóvel
feito um nó de ferros retorcidos, vê sua filha jazer a seu lado
e ao querer tocá-la percebe que não há nada onde havia um braço,
que não tem braços, que foram abolidos
como uma folha fica aprisionada entre as páginas de um livro;
onde havia um mundo ainda há um mundo.
"Nós quase te quisemos. Faltou pouco
para nos convencer. Talvez o problema não esteja em ti,
mas em uma nova forma de ver que se foi insinuando ultimamente.
Ou então, e isto talvez nos permita ser mais exatos:
uma maneira de olhar que era a nossa
mas que já não consideramos útil, ou interessante, ou possível prosseguir.
Talvez os problemas de nossa economia
mudem as realidades de — não vamos dizer uma década,
mas daqueles poucos meses anteriores a este brutal
começo da primavera. O próprio ar,
quer dizer, as elevações repentinas no clima
desta cidade, os pináculos de som,
a luz do sol na água de uns olhos verdes, a certa hora da tarde,

---

pero los ojos no se corresponden con esa u otra imagen, / son los ojos de la muerte, o más bien del estar muriendo: / vértigo de la mujer que despierta en el techo de su automóvil / hecho un nudo de hierros retorcidos, ve a su hija yacer a su lado / y al querer tocarla advierte que nada hay donde un brazo había, / que no tiene brazos, que ellos han sido abolidos / como una hoja queda aprisionada entre las páginas de un libro; / donde había un mundo todavía hay un mundo. / "Nosotros casi te hemos querido. Faltó poco / para convencernos. Tal vez el problema no está en tí, / sino en una nueva manera de ver que se ha ido insinuando / últimamente. / O bien, y esto tal vez nos permita ser más exactos: / una manera de mirar que era la nuestra / pero que ya no consideramos útil, o interesante, o posible proseguir. / Tal vez los problemas de nuestra economía / truequen las realidades de no digamos una década, / sino de aquellos pocos meses anteriores a este brutal / comienzo de la primavera. El aire mismo, / es decir los altos repentinos en el clima / de esta ciudad, los pináculos de sonido, / la luz del sol en el agua de unos ojos verdes, a cierta hora de la tarde, / cambia a algo tan incongruente como el cardigan de la hora de cenar.

muda algo tão incongruente como o cardigã da hora de jantar.
E tua vida assim, entre os crepúsculos
instantâneos e os incertos períodos de cegueira,
atravessa ruas que rapidamente deixaram de ser as mesmas
e todos os trastes de uma incipiente parafernália
com suas órbitas particulares de interesse, seus contrastes
ou divergências dentro do espírito de uma época,
quando alguém buscava simplesmente expandir ou aprofundar
os limites da compreensão e as condições do diálogo,
tornaram-se agora os mensageiros tresnoitados de uma mudança
em que os indícios não revertem a um sistema, senão implicam de súbito
que os mais inocentes sonhos de império ficaram
sem o menor xale para cobrir os ombros,
quer dizer, sem a menor possibilidade de acordo,
de somatórios que os desígnios propícios do princípio do dia
nos fazem ver agora como ruínas
antes que tenham sido completados sequer os alicerces.
Porém, a aventura é descrita em termos
tão encantadores, os cronistas continuam falando
de uma Flórida de saudações;
não já salões e salões, decorados e mobiliados
segundo o gosto prolixo dos aposentos de inverno,
onde a aurora, tão prematura agora, chega para mostrar
o leve desbotado ou deterioração dos materiais mais firmes,

Y tu vida así, entre los crepúsculos / instantáneos y los inciertos periodos de ceguera, / transita calles que rápidamente han dejado de ser las mismas / y todos los trastos de una incipiente parafernalia / con sus particulares órbitas de interés, sus contrastes / o divergencias dentro del espíritu de una época, / cuando uno buscaba simplemente expandir o profundizar / los límites de la comprensión y las condiciones del diálogo, / se han vuelto ahora los mensajeros trasnochados de un cambio / en que los indicios no revierten a un sistema, sino implican de súbito / que los más inocentes sueños de imperio quedaron / sin el menor chal con que cubrirse la espalda, / es decir, sin la menor posibilidad de acuerdo, / de sumaciones que los designios próvidos del principio del día / nos hacen ver ahora como ruinas / antes de que se hayan completado siquiera los cimientos. / Pero la aventura es descrita en términos / tan encantadores, los cronistas siguen hablando / de una Florida de salutaciones; / no ya salones y salones, decorados y amueblados / según el gusto prolijo de los aposentos de invierno, / donde el alba, tan temprano ahora, llega para mostrar / el ligero desteñido o deterioro de los materiales más seguros, / el terciopelo, por ejemplo, enroscándose en las borlas torturadas

o veludo, por exemplo, enroscando-se nas borlas torturadas
porém majestosas de um cortinado, atrás do qual
o Príncipe de Urbino está envolto como uma crisálida
diante da aurora já vermelha de desastres;
ou as amêndoas e o marzipã moídos neste bolo nupcial,
ou os pingentes aplastados com as colunas ainda verticais
porém partidas, e os diademas, e o índigo do mar
e o rímel de sobrancelhas e cílios;
as camisas arrancadas numa navegação de corpo perdido;
a paisagem decapitada; o indistinto
butim que um emigrado arrasta e incorpora,
de que caem fragmentos, jóias são roubadas,
novos frisos aparecem como um mar esmeralda
ou o cone de um sorvete de menta.
Pela colcha rasgada saem os pés indenes,
os pés de barro do colosso,
prestes a calçar-se de novo para a empresa
do conquistador da vez, pés alados,
pés cansados; pés que são com efeito
o único despojo da batalha."

Tradução: Luiz Roberto Guedes e Claudio Daniel

---

pero majestuosas de un cortinado, tras el cual / el Principe de Urbino está envuelto como una crisálida / frente al alba ya roja de desastres; / o las almendras y el mazapán machacados en esta torta nupcial, / o los caireles apelmazados con las columnas todavía verticales / pero partidas, y las diademas, y el índigo del mar / y el kohl de cejas y pestañas; / las camisas arrojadas a una navegación de cuerpo perdido; / el paisaje decapitado; el indistinto / botín que un emigrado arrastra e incorpora, / del cual caen fragmentos, joyas son robadas, / nuevos frisos aparecen como un mar esmeralda / o como el cono de un helado de menta. / Entre la colcha desgarrada salen los pies indemnes, / los pies de barro del coloso, / prestos a calzarse de nuevo a la empresa / del conquistador de turno, pies alados, / pies cansados; pies que son en efecto / el único despojo de la batalla."

O NAPOLEÃO DE INGRES

A alfombra ou o caminhante, sobre um fundo central amarelo,
mostra uma águia marrom, que cobre com as asas
abertas o degrau tridimensional onde o Imperador
assenta sua figura que de outro modo e de ponta em branco
proviria do Elíseo.
As bordas do caminhante são vermelhas
e sobre fundo negro ilustram as figuras do zodíaco:
bordas de Câncer e Peixes à direita, Virgem, Libra
e meia cauda de Escorpião à esquerda.
O coxim de seda se cobre de ouro com motivos escamosos,
alados, e com feixe de flechas.
A cor da seda, sua textura
são quase metálicos: um zepelim pelo céu
azul-da-prússia, um dragão chinês
voando em seu troar de metais;
as borlas do coxim descem pensativas
sobre um esplendor quase liquefeito,
o calor expectante da alfombra amarela e vermelha.
O pé do Imperador, envolto em ouro
e seda branca, parece pousar apenas
como o metálico pé de um Mercúrio
sobre o metálico projétil da seda.
O demais é estrepitoso e tumultuado

EL NAPOLEÓN DE INGRES / La alfombra o el caminero, sobre un fondo central amarillo, / muestra una águila marrón, que cubre con las alas / abiertas el escalón tridimensional donde el Emperador / asienta su figura que de otro modo y de punta em blanco / provendría del Elíseo. / Los bordes del caminero son rojos / y sobre fondo negro ilustran las figuras del zodíaco: / bordes de Cangrejo y Pez a la derecha, Virgen, Balanza / y media cola de Escorpión a la izquierda. / El cojín de seda se cubre de oro con motivos escamosos, / alados, y con haces de flechas. / El color de la seda, su textura / son casi metálicos: un zepelín por el cielo / azul de Prusia, un dragón chino / volante en su trueno de metales; / las borlas del cojín descienden pensativas / sobre un esplendor casi licuado, / el calor expectante de la alfombra amarilla y roja. / El pie del Emperador, envuelto en oro / y seda blanca, parece pousarse apenas / como el metálico pie de un Mercúrio / sobre el metálico cohete de la seda. / Lo demás es estrepitoso y huracanado

vôo do arminho de magnífica capa com lises de ouro:
borlas e sementeiras de borlas num dim dom
de perfeito movimento e perpétuo triunfo.
As duas bolas de marfim sobre as colunas imperiais,
os braços do trono de ouro, as duas faces da calva lua,
rodam pelo universo para proclamar a glória do sol:
o centro, o rosto, uma e mil vezes circundado de halos:
renda do pescoço, pesada coroa de dourado laurel,
mais a redonda borda do arminho,
mais o colar, mais o respaldo circular do trono,
pesada, espessa víbora de folhas,
jibóia celeste sobre os ombros.
Empunha dois cetros: um termina em uma mão branca
que abre três dedos ao céu: o outro, o cetro dos cetros,
repete em outra dimensão o rei sentado em seu pináculo,
um rei pequenino, atributo do rei presente,
tolerado apenas como o supremo signo de poder,
e o rosto do homem, o rosto do Imperador,
colado no centro dos círculos como uma estampinha
arrancada de um anuário de colégio: o menino em sua ordem;
soma assoma a cabeça, e o crê muito bem;
a mandíbula empedernida no brilho das jóias,
e os olhos, em contenda consigo mesmos;
porém, se o desfraldar justifica o olhar,
o olhar não justificará jamais o desfraldar.

---

vuelo del armiño de magnífica capa con lises de oro: / borlas y sementeras de borlas en un din don / de perfecto movimiento y perpetuo triunfo. / Las dos bolas de marfil sobre las columnas imperiales, / los brazos del trono de oro, las dos caras de la calva luna, / ruedan por el universo para proclamar la gloria del sol: / el centro, el rostro, una y mil veces circundado de halos: / encaje del cuello, pesada corona de dorado laurel, / más el redondo borde del armiño, / más el collar, más el respaldo circular del trono, / pesada, espesa víbora de hojas, / boa celeste sobre los hombros. / Empuña dos cetros: un remata en una mano blanca / que abre tres dedos al cielo: el otro, el cetro de los cetros, / repite en otra dimensión al rey sentado en su pináculo, / un rey pequeñito, atributo del rey presente, / tolerado apenas como el supremo signo de poder, / y el rostro del hombre, el rostro del Emperador, / pegado en el centro de los círculos como una estampita / arrancada de un anuario de colégio: el niño en su orden; / suma asoma la cabeza, y lo cree muy bien; / la mandíbula empedernida en el lustre de las joyas, / y los ojos, a medias enfrentados consigo mismos; / pero si el despliegue justifica la mirada, / la mirada no justificará jamás el despliegue.

O olhar só crê em parte, sem embargo:
o menino Imperador, que não perdeu
nada de si mesmo e conquistou o mundo.
O cabo do cetro toca apenas
com sua última esfera de ouro a alfombra,
a águia marrom desfraldada ali a seu serviço.
A plumagem da águia oferece uma espádua cálida
para que ele a lacere com a varinha.

Tradução: Claudio Daniel

La mirada lo cree a medias sin embargo: / el niño Emperador, que no há perdido / nada de sí mismo y ha conquistado el mundo. / El cabo del cetro toca apenas / con su última esfera de oro la alfombra, / el águila marrón desplegada allí a su servicio. / La plumaje del águia ofrece una espádua cálida / para que él la rasque con la varita.

AMOR DE MÃE

Rocha, eco, areia seca;
escorre pelo barranco
a água candente: cada lasca
de mica ao sol, papila, broto, pedra,
língua ressecada, recolhe pó
do talude que baixa. Chaga removida
sobe até a nuvem, vapor hoje,
aguaceiro, quem sabe. Lambo salpicaduras.
Em pleno sol um soldado cruza a rua;
teve mais paciência do que eu:
arrastava o uniforme (passo a passo).
O sol nasceu em meu coração (por um momento).
Relegado pela mãe a uma vida subalterna,
nasceu longe de seu coração reservado a outro.
O caso (não obstante) volta disponível
uma fresca aventura: árvores sobre pedras
nas costas do caminho dão sombra;
água murmura na bomba.

Tradução: Claudio Daniel

AMOR DE MADRE / Rocha, eco, areia seca; / corre do barranco / água candente: cada lasca / de mica ao sol, papila, broto, pedra, / língua ressecada, recolhe pó / do talude que baixa. Chaga removida / sube à nuvem, vapor hoje, / aguaceiro, quem sabe. Lamo salpicaduras. / Em pleno sol um soldado cruza a rua; / teve mais paciência do que eu: / arrastava o uniforme (passo a passo). / O sol nasceu em meu coração (por um momento). / Relegado pela mãe a uma vida subalterna, / nasceu longe de seu coração reservado a outro. / O caso (não obstante) volta disponível / uma fresca aventura: árvores sobre pedras / al costado do caminho dão sombra; / água murmura na bomba.

ROBERTO PICCIOTTO

Roberto Picciotto nasceu em Buenos Aires (Argentina), em 1939. Doutor em Filosofia pela Universidade de Indiana, nos EUA, é hoje professor de literatura na Universidade da Cidade de Nova York. Publicou os seguintes livros de poesia: *Tablas* (1988), *Transiciones* (1988), *Hasta el Solsticio* (1989), *Disposición de bienes* (1990), *Aprendizaje de la voz* (1990), e *La mano y el agua* (1993).

ANCORADO NA ILHA[29] DO COTOVELO

Acontece também: que a sotavento
de um sonho o tumultuoso mar
da consciência por fim se acalma.
Veja: o reflexo do mastro

sobre as águas, o sol
atrás dos coqueiros: delírio.
Até aqui chegamos. Nem pense em discorrer

sobre o sentido sinuoso
do verso que atravessa
a vista como um horizonte
quebrado por verdes colinas

nem sobre os fundos turquesa
cumulados de coral. Escurece.
Um duplo espelhismo de lua
supõe um suave embalar do ser

sobre as águas, tanto que supõe
a ausência de luz. Já sob
quatro estrelas, cruz
austral de geleira e tormenta,

ANCLAJE EN EL CAYO DEL CODO / Sucede también: que a sotavento / de un sueño el tumultuoso mar / de la conciencia por fin se calma. / Mira: el reflejo del mástil / sobre las aguas, el sol / tras cocoteros: delirio. / Hasta aquí llegamos. / No se te ocurra discurrir / sobre el sentido sinuoso / del verso que atraviesa / la vista como un horizonte / quebrado por verdes colinas / ni sobre los fondos turquesas / colmados de coral. Oscurece. / Un doble espejismo de luna / supone un suave acunar del ser / sobre las aguas, tal que supone / la ausencia de luz. Ya bajo / cuatro estrellas, cruz / austral de témpano y tormenta,

o marinheiro dorme e a barlavento
de um sonho o terrível estrépito
do temporal, água e espuma,
despedaça a palavra em estilhaços.

Tradução: Claudio Daniel e Luiz Roberto Guedes

---

el marinero duerme y a barlovento / de un sueño el terrible estrépito / del ventarrón, agua y espuma, / desgarra la palabra en astillas.

BREVE MANUAL DE
ORNITOLOGIA ONTOLÓGICA

Só o mundo é a representação do mundo,
aprendiz, e ciciando assim entre língua e dente
anterior à presença de qualquer episódio

tua voz é apenas uma oscilação do ar,
não é mais que um vaivém pausado do ar

ainda que emplumado como galo de rinha
cocoricando um leque de três notas
acredite antecipar a palidez da alva,

e ainda que pavão papudo cevado a minhoca e migalha
bicas o pó entre chinelos de velha
grugulejando arrulhos concupiscentes
com que crês profetizar o crepúsculo.

Trivial como um par de cuecas mal lavadas,
este tropo roça não obstante um fundo de verdade:

veja, aprendiz, a neve cobrindo a folharada
com a inevitável brancura de um pleonasmo invernal,

BREVE MANUAL DE ORNITOLOGIA ONTOLOGICA / Sólo el mundo es la representación del mundo, / novicio, y ceceando así entre lengua y diente / anterior a la presencia de cualquier anécdota / tu voz es tan sólo una oscilación del aire, / no es mas que un vaivén pausado del aire / aun si emplumado como gallo de riña / quiquiriqueando un abanico de tres notas / crees adelantar la palidez del alba, / y aun si buchón cebado a lombriz y migaja / picoteas el polvo entre chancletas de vieja / cucurrucando arrullos concupiscentes / con los que crees profetizar el crepúsculo. / Trivial como un par de calzoncillos mal lavados, / este tropo refriega no obstante un fondo de verdad: / mira novicio a la nieve cubrir la hojarasca / con la inevitable blancura de un pleonasmo invernal,

e olhe como isolado nos galhos do bétula
eriçando as plumas o estorninho conjura ao frio
com um assovio furtivo que se insinua entre os flocos,

assim, como se fosse um silêncio suspenso
entre o dito e o que fica por dizer.

Pássaro de pescoço curto e espádua hebréia, irmão[30].

Tradução: Luiz Roberto Guedes e Claudio Daniel

---

y mira como desbandado en las ramas del abedul / hinchando las plumas el estornino conjura al frío / con un silbido furtivo que se insinúa entre los copos, / así, como si fuera un silencio suspendido / entre lo dicho y lo que queda por decir. / Pájaro de poco cuello y espalda hebrea, hermano.

ASCHENBACH[31] CHEZ LUI

Dândi envelhecido maquiando cicatrizes
frente a um espelho de palavras:

provinciano apócrifo na solidez de uns montes
redondos como marulhada de pedra:

reflexo de um reflexo
perdendo-se em representações:

sustento da única verdade,
profeta em sua própria terra:

chegou a luz azulada do gelo,
assim, sem pretensão a transcendências,

e deste monólogo longe do vernáculo
desaparece, palpitando, o calor.

nãoimportanãoimportanãoimportanãoimporta
nãoimportanãoimportanãoimportanãoimporta:

o sol cai a prumo em latitudes fantasmais...
hei de passear de palazzo em palazzo...

hei de enxugar a testa com um lenço...
o canal fede a fezes e a cal

Tradução: Claudio Daniel e Luiz Roberto Guedes

ASCHENBACH CHEZ LUI / *Dandy avejentado maquillando cicatrices / frente a un espejo de palabras: / paisano apócrifo en la solidez de unos montes / redondos como marejada de piedra: / reflejo de un reflejo / perdiéndose en representaciones: / sustento de la única verdad, / profeta en tu querencia: / ha llegado la luz azulada del hielo, / así, sin pretensión a trascendencias, / y de este monólogo lejos del vernáculo / desaparece latido a latido el calor. / noimportanoimportanoimportanoimporta / noimportanoimportanoimportanoimporta: / el sol cae a plomo en latitudes fantasmas... / me he de pasear de palazzo en palazzo... / me he de enjugar la frente con un pañuelo... / el canal apesta a caca y cal*

RODOLFO HINOSTROZA

Rodolfo Hinostroza nasceu em Lima (Peru), em 1941. Publicou *Consejero del lobo* (1964) e *Contra Natura* (1971), ambos de poesia, coligidos no volume *Poemas reunidos* (1986), além de uma peça teatral, *Apocalipsis de una noche de verano* (1988), obras de astrologia e de relatos psicanalíticos.

ÁRIA VERDE

Assim avançamos até Bayona sob a cúpula de luz
      o cajado era água e o sol líquido
três golpes de violoncelo e na laguna o cisne grazna
um último gemido e um novo nascimento
olhos de amor líquidos & alguém cantou sob as leves
águas:
    Be not afeard. The Isle is full of noises,
    Sounds, and sweet airs, that give delight and hurt not
        Yah, a mesma força
que leva até seu centro um coração de madeira e o meu
    próprio
        Then I see
outros bosques, a pré-história do carvão e a argila
bestas móveis / a formiga e a açucena /
    outra Lei mais verde e numerosa
entretecida com a lei animal ocupando o planeta
& esse relâmpago verde e amarelo: A
        simples fórmula de vida que subjaz
                A
não evidente aos olhos oculta na evidência
        A igualada a mistério e sagesse
idêntica a si mesma
presenciando a barbárie e a morte entre os homens

ARIA VERDE / Así avanzamos a Bayona bajo el domo de luz / el cayado era agua y el sol líquido / tres golpes de violoncello y en la laguna el cisne grazna / un último gemido y un nuevo nacimiento / ojos de amor líquidos & alguien cantó bajo las leves / aguas: / Be not afeard. The Isle is full of noises, / Sounds, and sweet airs, that give delight and hurt not / Yah, la misma fuerza / que lleva hacia su centro un corazón de palo y el mío / propio / Then I see / otros bosques, la prehistoria del carbón y la greda / bestias móviles / la hormiga y la azucena/ / otra Ley más verde y numerosa / entretejida con la ley animal ocupando el planeta / & ese relámpago verde y amarillo: A / simple fórmula de vida que subyace / A / no evidente a los ojos oculta en la evidencia / A igualada a misterio y sagesse / idéntica a sí misma / presenciando la barbarie y la muerte entre los hombres

II

& o homem em algum tempo foi coletor e nômade
/ grandes símios herbívoros
ah lembrança arquetípica / sucessivos paraísos derrubados
mas no novo habita o germen do velho & vice-versa
& a história carnal e a história espacial
confluem em um ponto
again
Donna m'aparve sotto verde manto
vestita di color di fiamma viva
cantou/
E vimos:
a nostalgia
da viagem aniquila a nostalgia da terra e somos nômades
confiados à Rosa dos Ventos / N S E & O
rota a possessão
não casa / não animal / não objeto / não pessoa
& nada pertence a ninguém
coletores nos Super-Markets e as vinhas
trabalho = jogo
as incessantes migrações / por amor
intercâmbios de continentes e de raças
não pai único / não única mãe:
filhos filhos de todos
o amor finalmente o meio humano / So:

II / & el hombre en algún tiempo fue recolector y nómade / / grandes simios herbívoros / ah recuerdo arquetípico / sucesivos paraísos derrumbados / pero en lo nuevo habita el gérmen de lo viejo & viceversa / & la historia carnal y la historia espacial / confluyen en un punto / again / Donna m'aparve sotto verde manto / vestita di color di fiamma viva / cantó/ / Y vimos: / la nostalgia / del viaje aniquila a la nostalgia de la tierra y somos nómades / confiados a la Rosa de los Vientos / N S E & O / rota la posesión / no casa / no animal / no objeto / no persona / & nada pertenece a nadie / recoletores en los Super-Markets y las viñas / trabajo = juego / las incesantes migraciones / por amor / intercambios de continentes y de razas / no padre único / no única madre: / hijos hijos de todos / el amor finalmente el medio humano / So: /

Que é o dinheiro? Disse-me um menino
mostrando-me ambas as mãos cheias
O que eu poderia responder ao menino?
eu não sei, como ele, que é o dinheiro
&. a harmonia se alimenta de si mesma
incessantemente.

III

Cante meu amor dispa-se sob a chuva
     não mais guardas na Cidade
mas um mundo feito à imagem e semelhança das crianças
     na Cidade no Campo
/ E no princípio era o deleite entre os homens /
  & estendida na erva
olhando os milhões de estrelas que te olham
   morderás uma maçã
     again
& sairemos da cúpula cristalina até as estrelas.
  Morada do Homem
Idéia que encarna no amor & vice-versa / não mais / o
 tempo impõe um limite
a energia sensível que emana da natureza & dos
astros.

Tradução: Claudio Daniel

Qué es dinero? me dijo un niño / mostrándome ambas manos llenas / Qué podía yo responder al niño? / yo no sé, como él, qué es el diñero / & la armonía se alimenta a sí misma / incesantemente. / III / Canta amor mío desnúdate bajo la lluvia / no más guardias en la Ciudad / pero un mundo hecho a imagen y semejanza de los niños / no Ciudad no Campo / / En el principio era el deleite entre los hombres / / & tendida en la hierba / mirando los millones de estrellas que te miran / morderás una manzana / again / & saldremos del domo cristalino hacia las estrellas. / Morada del Hombre / Idea que encarna en amor & viceversa / no más / el / tiempo impone un límite / la energía sensible que emana de la naturaleza & de los / astros.

SEVERO SARDUY

Poeta e romancista, nasceu em Camagüey (Cuba), em 1937, falecendo em 1993, exilado na capital francesa. Publicou ou romances *Gestos* (1963), *De donde son los cantantes* (1967), *Cobra* (1972), *Colibrí* (1983) e *Pajaros de la playa* (1993), além de cinco livros de poemas, entre eles *Big Bang* (1974). Como ensaísta, é autor de *Barroco* (1974), *La simulación* (1982), *Un testigo fugaz y disfrazado* (1985), entre outros, reunidos no volume *Ensayos generales sobre el barroco* (1987). No Brasil, foram publicados os romances *Cobra* (José Alvaro, 1975), traduzido por Gerardo Mello Mourão, e *Pássaros da praia* (Siciliano, 1995), traduzido por Wladir Dupont. De sua produção ensaística, foi publicado *Escrito sobre um corpo* (Perspectiva, 1979), com tradução de Lígia Chiaprini M. Leite e Lúcia Teixeira.

A luz do meio-dia, transparente,
filtrava pelas paralelas bordas
da janela, e o contorno em fulgor das
frutas (ou da tua pele?) ardia quente.

Saudade é o que o torpor do sono sente
da ilha. Aquele céu (não te recordas?)
de ocaso que no opaco véu põe gordas
camadas cambiantes de poente,

um outro brilho tinha. Onde eu dormia,
numa casinha litorânea e pobre,
no ar a luz das lâmpadas de cobre

traçava lentamente espirais sobre
alva toalha, sombra em que se urdia
o teorema doutra geometria.

Tradução: Glauco Mattoso

La transparente luz del mediodía / filtraba por los bordes paralelos / de la ventana, y el contorno de los / frutos; o de tu piel — resplandecía. / El sopor de la siesta: lejanía / de la isla. En el cambiante cielo / crepuscular, o en el opaco velo / ante el rojo y naranja aparecía / otro fulgor, otro fulgor. Dormía / en una casa litoral y pobre: / en el aire las lámparas de cobre / trazaban lentas espirales sobre / el blanco mantel, sombra que urdía / en el aire las lámparas de cobre / trazaban lentas espirales sobre / el blanco mantel, sombra que urdía / el teorema de la otra geometría.

MORANDI

Uma lâmpada. Um copo. Uma garrafa.
Sem outra utilidade ou pertinência
que estar ali, que dar à consciência
um casual pretexto, mas não grafa

o traço humano que ora inflama, abafa
a luz ou que ali beba. Em tudo a ausência:
paredes que, caiadas, dão ciência
que ali ninguém repousa nem se estafa.

Somente é familiar a luz acesa
que põe sobre a toalha posta à mesa
a sombra que se alarga: o dia quedo

do tempo o passo segue em sua vaga
irrealidade. A tarde já se apaga.
Abraçam-se os objetos: sentem medo.

Tradução: Glauco Mattoso

MORANDI / *Una lámpara. Un vaso. Una botella. / Sin más utilidad ni pertinencia / que estar ahí, que dar a la consciencia / un soporte casual. Mas no la huella / del hombre que la enciende o que los usa / para beber: todo há sido blanqueado / o cubierto de cal y nada acusa / abandono, descuido ni cuidado. / Sólo la luz es familiar y escueta / el relieve eficaz: la sombra neta / se alarga en el mante. El día quedo / sigue el paso del tiempo con su vaga / irrealidad. La tarde ya se apaga. / Los objetos se abrazan: tienem miedo.*

incrustar cascavéis em tuas faces
com cal escrever em tua fronte
com riscos espirais pintar o teu sexo
as nádegas com discos fluorescentes

linhas de pontos brancas
agrimensor de teu corpo negro

assinar em tua cabeça
cobrir os teus pés de gesso
flores de ouro nas mãos
olhos egípcios no peito

ideogramas brancos
teu corpo, um mapa negro

Tradução: Claudio Daniel

---

*incrustarte cascabeles en las mejillas / con cal escribirte en la frente / con rayas espirales
pintarte el sexo / las nalgas com discos fluorescentes / líneas de puntos blancas / agrimensor
de tu cuerpo negro / firmate la cabeza / cubrirte los pies de yeso / flores de oro en las manos
/ ojos egipcios en el pecho / ideogramas blancos / un mapa negro tu cuerpo*

PEQUENA ORQUESTRA TÂNTRICA[32]

Cootie Williams no trompete-fêmur.
Joe Nanton no trombone: para obter um bom wa-wa
            ouro na boca de cobre
Johnny Hodges no sax alto: um grande lama, sim senhor. Quem se não ele
            poderia expulsar pela boca
            o ar inspirado pelo ano?
Harry Carney no sax barítono, um grande lama, sim senhor.
                                                    [Quem se não ele
            poderia expulsar pelo ano
            o ar inspirado pela boca?
Sonny Greer na bateria: os tamborins:
            crânios de criança serrados ao meio
            couro de iaque legítimo.
Duke ao piano em chamas.
    com o trombone de Benny Morton
        e o trompete de Dizzy Gillespie
            aprovado pelos peritos experientes
                com suor negro
        droga
                        no porão de um navio
    dança

ORQUESTICA TÁNTRICA / Cootie Williams a la trompeta-fêmur. / Joe Nanton al trombón: para obtener un buen wa-wa / orine en la boca de cobre / Johnny Hodges al saxo alto: un gran lama, sí señor. Quién si no / podría expulsar por la boca / el aire aspirado por el ano? / Harry Carney al saxo barítono, un gran lama, sí señor. Quién si no / podría expulsar por el ano / el aire aspirado por la boca? / Sonny Greer al drum: los tamborines: / cráneos de niño serruchados por la mitad / cuero de yack legítimo. / Duke al piano en llamas. / con el trombón de Benny Morton / y la trompeta de Dizzy Gillespie / probado por expertos catadores / con sudor negro / droga / en la cala de un barco / danza

                          em um navio a vapor
outra vez fetiche
   de tão sofisticada
      tão de ouro e duplos arabescos
         de pedras e plumas incrustada   deus
         cubo de marfim   pontos   negros   dado
            um trompete oxidado

                                   Tradução: Claudio Daniel

---

en un barco de ruedas / otra vez fetiche / de tan sofisticada / tan de oro y dobles arabescos / de piedras y plumas incrustada dios / cubo de marfil puntos negros dado / una trompeta oxidada

TAMARA KAMENSZAIN

Tamara Kamenszain nasceu em Buenos Aires (Argentina), em 1947. Publicou os livros de poesia *Los no* (1977), *La casa grande* (1986), *Vida de living* (1991) e o de crítica literária *El texto silencioso. Tradición y vanguardia en la poesía sudamericana* (1983), que inclui ensaios sobre Oliverio Girondo, Macedonio Fernández e outros autores. No Brasil, foi publicado o livro *Gueto*, com tradução de Carlito Azevedo.

COMO O BAILARINO DE TEATRO NÔ

Como o bailarino de teatro nô
que detém cada gesto
para mostrá-lo na cena quieta
e detém o desenho de gestos
para suspendê-lo em uma história
quieta sem desenlace
assim a corrente de palavras
começa a circular detida
lentamente habita o teatro
povoa a cena
com letras
coloca-se em seu papel

Tradução: Claudio Daniel

COMO EL BAILARÍN DE TEATRO NO / *Como el bailarín de teatro no / que detiene cada gesto / para mostrarlo en la escena quieta / y detiene el dibujo de gestos / para suspenderlo en una historia / quieta sin desenlace / así la corriente de palabras / empieza a circular detenida / lentamente habita el teatro / puebla la escena / con letras / se coloca en su papel*

COMO O ATOR DE TEATRO NÔ

Como o ator de teatro nô
cuja entrada em cena
é também uma cena
cheia de mistérios contidos
despejando-se em câmara lenta
assim as coisas esta cidade o mundo todos
deixam de ser pano de fundo
quando se olham no espelho das palavras
e se surpreendem
em uma longa careta

Tradução: Claudio Daniel

COMO EL ACTOR DE TEATRO NO / *Como el actor de teatro no / cuya entrada en escena / es ella misma una escena / llena de misterios contenidos / despejándose en cámara lenta / así las cosas esta ciudad el mundo todos / dejan de ser telón de fondo / cuando se miran en el espejo de las palabras / y se sorprenden / en una lenta mueca*

CHUVAS DE ALGODÃO

Chuvas de algodão
neves de espuma
lágrimas de perfume
têm reservado
seu momento de queda
na memória do contra-regra.
E no texto do ponto
um cemitério clandestino
de palavras alinhadas
em seus iguais (os ecos) as atrizes
confiam refletidas renascer

Tradução: Claudio Daniel

LLUVIAS DE ALGODÓN / Lluvias de algodón / nieves de espuma / lágrimas de perfume / tienen reservado / su momento de caída / en la memoria del utilero. / Y en el libreto del apuntador / un cementerio clandestino / de palabras alineadas / en sus iguales los ecos las actoras / confían reflejadas renacer

VITRAL É O OLHO DESENHADO

Vitral é o olho desenhado, um
quadro de interiores com janela
que pela vista filtra o que passa
no desenho, afora, da casa.
Pintura jovem de família impressa na
espessura do vidro delicado, aguarda
pelo olho que a enquadre, pelo marco que da
íntima cor a atravesse até o outro
tom da rua. Viaja em sua pulsão
púbere esta cena avitralada. Da
reclusão ensimesmada, distante,
esse outro esboço, o mundo, quer ver.

Tradução: Claudio Daniel

VITRAL ES EL OJO DIBUJADO / *Vitral es el ojo dibujado, un / cuadro de interiores con ventana / que por la vista filtra lo que pasa / en el dibujo, afuera, de la casa. / Pintura joven de familia impresa en / el espesor del vidrio endeble aguarda / al ojo que la enmarque, al marco que de / el íntimo color la cruce al otro / tono de la calle. Viaja en su pulsión / púber esta escena avitralada. De / la ensimismada reclusión más allá, / el otro croquis, el mundo, quiere ver.*

VÍCTOR SOSA

Víctor Sosa Rodríguez nasceu em Montevidéu (Uruguai), em 1956. Poeta e artista plástico, reside hoje na Cidade do México. Publicou os livros *Sujeto omitido* (1983), *Sunyata* (1992), *Gerundio* (1996), *La flecha y el bumerang* (ensaios, 1997), *El impulso* (prosa, 2001) e *Decir es abisinia* (2001), entre outros títulos. Realizou mais de quinze exposições individuais de pintura na América Latina e na Europa. O autor também é crítico literário e de artes visuais em jornais e revistas. No Brasil, será publicada a antologia *Sunyata e outros poemas*, com traduções de Claudio Daniel e Luiz Roberto Guedes (Lamparina Editora).

De DIZER É ABISSÍNIA

Dizia acácia. Dizia pela boca acácia fresca
quando sorria (essas que choram imensamente
felizes quando o vento as mareja no verão,
mimosáceas). E então eu a acariciava.
Eu que era
um cavalo vermelhão sabia de carícias e de acácias.
Ela me fazia ver. Vês — dizia-me às vezes —
a gota no meio do rio? O corpo liso, úmido,
da única? Ela faz a aragem visível — me dizia —,
faz na visível aragem seu celeiro, sua estância
de mover; dali salpica e salta ante a rocha,
irisa-se breve ao sol e cai — não sei se cai
ou talvez mergulhe de novo no contínuo.
Depois fazia silêncio para deixar. Sempre deixava.
Não abria a boca para nada, nem para falar.
Tudo aquilo que dizia, fazia — assim era ela.
As viagens eram o melhor, a força nessas viagens.
Quando viajava dormia no cavalo; algo
tangia em sua respiração; criava uma cor no ar,
um aroma triangular, sem crepúsculo. Eu
não fazia outra coisa que escutar. É verdade
que às vezes fazia ninhos (de joão-de-barro) — ela
entendia a espessura de minha intenção: indicava

De DECIR ES ABISINIA / Decía acacia. Decía por la boca acacia fresca / cuando sonreía (esas que lloran por inmensamente / felices cuando el viento las marea en verano, / mimosáceas). Y entonces yo la acariciaba. Yo que era / un caballo bermellón sabía de caricias y de acacias. / Ella me hacía ver. ¿Ves —me decía a veces— / la gota en medio del río? ¿El cuerpo liso, húmedo, / de la única? Ella hace la marea visible —me decía—, / hace en la visible marea su granero, su estancia / de mover; de allí salpica y salta ante la roca, / se irisa al sol en lo breve y cae —no sé si cae / o tal vez se zambulle de nuevo en lo continuo. / Luego hacía silencio para dejar. Siempre dejaba. / No abría la boca para nada, ni para decir. / Todo aquello que decía lo hacía —así era ella. / Los viajes eran lo mejor, la fuerza en esos viajes. / Cuando viajaba dormía en el caballo; algo / en su respiración tañía; creaba un color en el aire, / un aroma triangular, sin crepúsculo. Yo / no hacía otra cosa que escuchar. Es verdad / que a veces hacía nidos (de hornero) —ella / entendía el espesor de mi intento: señalaba

algo para queimar, aparelhando o fervor
falava com o fogo — não me olhava então —
falava com o fogo até que o fogo
se tornava fonte, jorro de âmbar contido,
cristalino, e às vezes crisálida. Comíamos,
silenciosos, cansados, na margem,
um naco de pão ázimo — assim era. Não retornava,
a Distinta não tinha destino nem verdades
para decifrar; frisava o mundo sem mácula
como a cotovia (muito semelhante à calhandra);
compunha poemas, eu creio que compunha poemas
à maneira do de Éfeso (540-480? a. de J. C.),
embora eu não me lembre. Lembro, sim,
que cantava, sem pausa, e fazia até que o canto
era um silente semeador de sons sobre o mundo,
um mundo igual ao canto igual ao mundo. Eu
emudecia — não fazia outra coisa que escutar.
Eu que era um cavalo vermelhão acariciava
a anca do mundo, cuidava em meu silêncio
de seu som; baixinho, assobiava pelas narinas
e vinham de longe os pássaros — tucanos, tordos,
tesourinhas[33], gaivotas pretas, galantes garças brancas
que vinham —, aves de um orbe mudo e melodioso
fazendo nesse canto sua casa. Digo
o que eu vi — que outros digam, se quiserem,

---

algo para que ardiera, aparejando el fervor / hablaba con el fuego —no me miraba entonces— / hablaba con el fuego hasta que el fuego / se hacía fuente, chorro de ámbar detenido, / cristalino, y a veces crisálida. Comíamos, / silenciosos, cansados, en la orilla, / un trozo de pan ázimo —así era. No retornaba, / la Distinta no tenía destino ni verdades / para descifrar; frisaba el mundo sin mácula / como la calandria (muy semejante a la alondra); / componía poemas, yo creo que componía poemas / a la manera del de Éfeso (¿540-480? a. de J.C.), / aunque eso no me consta. Me consta, sí, / que cantaba, sin pausa lo hacía hasta que el canto / era un silente sembradío de sones sobre el mundo, / un mundo igual al canto igual al mundo. Yo / enmudecía —no hacía otra cosa que escuchar. / Yo que era un caballo bermellón acariciaba / el anca del mundo, cuidaba en mi silencio / su sonido; bajito, silbaba por los belfos / y venían de lejos los pájaros —tucanes, tordos, / tijeretas, teruteros, galantes garzas blancas / que venían—, aves de un orbe mudo y melodioso / haciendo en ese canto su morada. Digo / lo que yo vi —que otros repitan, si quieren,

o contrário. Mas esse olhar não se apaga.
Que olhar o dela! Que maneira de amar
no olhar! Flauta de luz que arde — lhe diziam.
Era: como uma deusa fálica que levanta a saia
e detém em seu gesto por um momento o mundo;
como Francisco e Agostinho comendo juntos. Era:
como se o poroso fosse o compacto: o poro
e o tato. Era: como agora, vigilante-indefesa
a sediciosa. Comandava potros — como? não sei.
E sim que era: como um complô da virtude — que lindo;
como os Dináricos, ou Dalmáticos, ou Ilíricos (nicho
montanhoso da ex-Iugoslávia — Bósnia e Herzegóvina —
paralelo à costa do Adriático); como uma Última Ceia
(de Leonardo), ou um déjeuner sur l'herbe. Era
— e com temor repito para mim —: virtuosa e valente,
mas antes que valente era blasfema porque sobretudo
era virtuosa. Amava o risco — já o disse?—
sabendo se expor mostrava sua ferida como Beuys,
e se de carne falamos, nem falar que era de carne,
de órgãos e fluxos e tendões — ou fonemas, no caso da voz —,
como uma graça dada no momento mesmo de encarnar.
De carne era ao querer. Era: um tambor na noite,
intocado, soando; como se fosse pólen, assim de leve
se elevava, cobriria o sol se quisesse, dourando ao redor.

---

lo contrario. Pero esa mirada no se borra. / ¡Qué mirada la de ella! ¡Qué manera de amar / en la mirada! Quena de luz que quema —le decían. / Era: como una fálica diosa que se alza la falda / y detiene en su gesto por un momento al mundo; / como Francisco y Agustín comiendo juntos. Era: / como si lo poroso fuera lo compacto: el poro / y el tacto. Era: como ahora, vigilante-indefensa / la facciosa. Comandaba potros —¿cómo? no lo sé. / Y sí que era: como un complot de la virtud —qué hermoso; / como los Dináricos, o Dalmáticos, o Ilíricos (nudo / montañoso de la ex-Yugoslavia —Bosnia y Herzegovina— / paralelo a la costa del Adriático); como una Ultima Cena / (de Leonardo), o un déjeuner sur l'herbe. Era / —y con temor a repetirme—: virtuosa y valiente, / pero antes que valiente era blasfema porque sobre todo / era virtuosa. Amaba el riesgo —¡ya lo dije?— / sabiéndose exponer mostraba su herida como Beuys, / y si de carne hablamos, ni hablar que era de carne, / de órganos y flujos y tendones —o fonemas, en caso de la voz—, / como una gracia dada en el momento mismo de encarnar. / De carne era al querer. Era: un tambor en la noche, / intocado, sonando; como si fuera polen, así de leve / se elevaba, cubría el sol si quería, dorando en derredor.

E havia quem não a via: como torpes topeiras sem tom,
nem soneros[34] eram, nem nada: sombras, sonâmbulos, *espíritos
famintos e sedentos*. Buddhas e bodhisattvas e Rinzai
— quem deixou escrito ou disse: «Os movimentos surgem
das partes abdominais e o alento que atravessa os dentes
produz diversos sons. Quando se articulam têm
sentido lingüístico. Assim compreendemos com clareza
que são insubstanciais» —, eu creio que a viam, sim. Vê-la
era uma festa como em Elêusis (ao noroeste de Atenas,
onde havia um templo de Deméter); era ao vê-la que alguém
dançava na quietude do estupor, como uma pérola. E que
assombro assomava na cara ao sentir como ela dançava!
De comum acordo com tudo, requebra; convém olhar que,
quando dança, não deixa de fazer — exonera e constrói,
com uma mão faz o que desfaz com a outra; ama
sem paixão o processo, as situações onde entra e sai
como se não fosse dedicada (e a nada está
dedicada); se expressa em liberdade. Assim de verdade era:
verdadeira, não vazia, nem vacilava ao chamar as coisas
por seu hipotético nome. Eu amava — em meu caso
com paixão — essa eloqüência ubíqua da Louca — morena —
de-brasa-acesa-nos-pés-; amava como podia
à Impossível: fazendo-a no sonho, a tatuava; sempre,
no ar indistinto, era distinta; dava trabalho vê-la.

Y había quien no la veía: como torpes topos sin ton, / ni soneros eran, ni nada: sombras, sonámbulos, espíritus */ hambrientos y sedientos. Buddhas y bodhisattvas y Rinzai / — quien dejó escrito o dijo: «Los movimientos surgen / de las partes abdominales y el aliento que atraviesa los dientes / produce diversos sonidos. Cuando se articulan tienen / sentido lingüístico. Así comprendemos con claridad / que son insustanciales»—, yo creo que sí la veían. Verla / era una fiesta como en Eleusis (al noroeste de Atenas, / donde había un templo de Deméter); era al verla que uno / bailaba en la quietud del estupor, como una perla. ¡Y qué / asombro asomaba en la cara al sentir cómo ella bailaba! / De común acuerdo con todo, contonea; conviene mirar que, / cuando baila, no deja de obrar —exonera y construye, / con una mano hace lo que deshace con la otra; ama / sin pasión el proceso, las situaciones donde entra y sale / como si no estuviera dedicada (y a nada está / dedicada); se expresa en libertad. Así de verdad era: / verdadera, no vacía, ni vacilaba al llamar las cosas / por su hipotético nombre. Yo amaba —en mi caso / con pasión— esa elocuencia ubicua de la Loca —morena— / de-brasa-encendida-en-los-pies-; como podía amaba / a la Imposible: haciéndola en el sueño la tatuaba; siempre, / en el aire indistinto, era distinta; daba trabajo verla.*

Liturgia também fiz de sua Vênus — proeminente monte onde subi
para prostrar-me — ao encontrá-la, ali, florida e em oferenda.
E agora vejo claro: é claro que a vejo. Sem limites
que possam deter-me galopo suas comarcas infinitas,
veloz o galgo que, sob minhas patas, ao levantar-se o pó
se desenha; sombra das acácias na garupa,
o sorriso dela na sombra e também o sorriso dela
neste sol — até que rastro entre os restolhos é o seu sorriso.
Galopo nesse ritmo que é seu nome; pulcro
salto o horizonte e caio — encrave dela
em todas partes — tranqüilo e forte sobre sua virtude.
Assim me aferro à mutação — acaso como acácia
que na terra sente subir sua seiva — e me transmuto
e antes que nada — e depois que nada —
e em todos os sentidos agradeço.

Tradução: Claudio Daniel

Liturgia también hice de su Venus —prominente monte que trepé / para postrarme— al encontrarla, allí, florida y en ofrenda. / Y ahora veo claro: es claro que la veo. Sin límites / que puedan detenerme galopo sus comarcas infinitas, / veloz el galgo que, bajo mis patas, al levantarse el polvo / se dibuja; sombra de las acacias en la grupa, / risa de ella en la sombra y también risa de ella / en ese sol —hasta que rastra entre los rastrojos es su risa. / Galopo en ese ritmo que es su nombre; pulcro / salto el horizonte y caigo —enclave de ella / en todas partes— tranquilo y fuerte sobre su virtud. / Así me aferro al cambio —acaso como acacia / que en la tierra subir su savia siente— y me demudo / y antes que nada — y después que nada— / y en todos los sentidos agradezco.

WILSON BUENO

Wilson Bueno nasceu em Jaguapitã (PR), em 1949. Escritor e jornalista, criou e dirigiu, por oito anos, o jornal literário *Nicolau*. Foi editor-assistente da revista *De Azur*, editada pela Columbia University, nos EUA, dedicada à produção literária anglo-hispânica. Publicou vários volumes de contos, novelas e poemas em prosa: *Bolero's Bar* (1986), *Manual de Zoofilia* (1991), *Ojos de agua* (Argentina, 1991), *Mar paraguayo* (1992), *Cristal* (1995), *Jardim zoológico* (1999), *Meu tio Roseno, a cavalo* (2000) e *Amar-te a ti nem sei se com carícias* (2004), além de um volume de poemas breves, o *Pequeno tratado de brinquedos* (1996).

SILÊNCIOS[35]

para Fernando Paixão

1

há um Deus de luto
no demasiado rútilo
que se liquida ao norte
por uma estrela-de-gelo
e a lua simples nos olmos
carrega em impuro siena
pelas mãos do Deus abrupto
acre oficina de sustos

2

há um Deus bem gaiato
na sarabanda do outono
que daqui se vê todo ano
o mesmíssimo outono
de há quatro mil anos
com Deus pelos cantos
pondo branco no agapanto
e amanhecendo paineiras

3

há um Deus silente
na tinta incendiada
de sonetos e poentes
manhã de ouro encardida
cincerros de madrugada
sussurro de Deus com pluma
no andado quase ar voante
de chá e voal o vento

4

diante de tanto quanto Deus
dá-me que entenda
pelo juízo da veia
a via tácita ou láctea
de víscera expectante
pelo que Deus põe de tarde
numa abelha azul-da-prússia
e vos faz de céu a senha

CADA CABEÇA, UMA SENTENÇA[36]

A cabeça fervendo
de serpentes, eu sou a bela,
a pérfida, a contracorrente,
a vagabunda de Netuno,
a escorraçada do templo.
Eu sou a que vos convoca
em pedra e vos come a nojo
a vida que em nojo vestes.
Digam de Perseu os ouros
de caçar-me pela Floresta,
eu que sou continuadamente
só uma cabeça em suspenso
que a vêm devorando os séculos
— cada cabeça, uma sentença.
Esta, a minha vingança.

MAR PARAGUAYO

(fragmentos)

Suruvu es el alma-palabra convertida en párraro: estos vuelos, mis cardinales, lo pio en água del suruvu en soledad, puesto que aprisionado en lo duro ser de un ente grafado vivo en la ayvu, dulce dolores, martirizadas por la garganta trêmula de los demasiado humanos — palavra-pássaro demudada en alma, suruvu fremui matinal por las jornadas de la aurora, la mar y la higuera, suruvu es mucho do que digo y un poco más do que me dicen las cosas que van por mi, por Brinks, por el viejo y sobretodo por el niño — esto socavón y encendiado relâmparo que me puso de cara ante el destino, ya que el viejo moria y yo, y yo necessitaba vivir, mismo que esto arrojasse la muerte en el huevo y suscitasse en su cuerpo enfermo la solución terminal. Se esto es verdad, secretamente concluo que el viejo matou-se en mi e, rogo, no fue yo que lo matê, a el, a el viejo.

: cerrada la compra de panes, pañuelos, gases y injeciones, que me tomam ebaforidos instantes en la botica, uno que otro entardecer acá me siento, en nesto sofá diagonal a la ventana, e al sentar-me é casi como se toda me desabasse demoronada: unos retertores en la entraña: el sol crepúsculo entreteciendo-se de úmidos cambiantes: epácios de onde ya pueden mober-se las ocupaciones cerimoniales de la luz y de la luna: por entre la copa de los sombrêros ô entre los duros vacíos de la higuêra que devastam de sombra y suspeición al entardecer del balneário: higuêra, côpa, sombrêros: la fala ancestral de padres y avuêlos que se van de infinito a la memoria, se entretienem todo habla y tricô: estas voces guaranis solo se enterniecen se todavia tecen: ñandu: no hay mejor tela de que la telaraña de las urdidas hojas de pleno acordo, ñandu, de acordo y de entremeio por los arabescos que, sinfonia, se entrelaza, radrez de verde e ave y canto, en el andamento feliz de una libertad: ñanduti: ñandurenimbó:

: acá me siento: ñandu: para urdir en el crochê mis rendas ñanduti: ñandutimichi: mínima florinha que se persegue con la aguja ni que sea el tempo pacientíssimo de unas dos horas: en estos pontêros, relôgios-de-sal, que van manchando-se de los colores cambiantes del poente se poniendo en los otoños de agora: acá ñandu: su opacidad de sentimiento: me siento: sinto: ñandu: canceriana mi verbo es sentir: me ver: ñandu: invierno más que otoño pânico otoño: ñandu: o que vá de secreta identidad entre estos dos cosas assolutamente distintas: arañas y escorpiones?

: si, los escorpiones del corazón: ñandu: acesos te pegan, te pegan de todo — el bote ñandu ocurriendo mortal: sobrevivimos entanto: mismo pescoço-avestruz, ñanduguasú: enfiado en la arena: ñandu: ñanduti: telaraña: el crochê de punto a punto se contorciendose: corola: ramificación de pêlo y línea: lento anunciandose la florinha más florita: más michí: ñandutimichi: casi invisible: milacro: simulacro: ñandu: espejo de Dios: ñandu: mil alguna vez solitária ñanduti: la aguja como un oscuro deseo de sangre y murte: el viejo a cada segundo más viejo: el niño: como pueden ser tan verdes, hovi, mboihovi: los ojos del niño con su miríade de puntos verdes haciendo la pigmentación: hovi hovi hovi: mi desespero fue mayor que la noche ciciada del balneário de Guaratuba donde me oigo morir: la marafona: como una passagêra en este mar: la mar: paraná: paraná: ñanduti que se compone de una lançada caçando a otra laçada: el gesto siempre repetido de conducir la linha desde la línea de la meada que a nuestros pés se movimienta numa insatisfación de fio a suelta:

(...)

: hoy el niño me pôs a ouvir los rumores de la tempestade lunar: en el mormaço de la siesta, pressenti nítido e casi arfante que el chegaria: sombra y dibujo: ávida nádega: mamilos: duros muslos a cavalo: su contorno preciso: la paina castanha del pêlo: muerdo: remuerdome: ñandu: ñanduti: la aguja trabaja: crochê: caracol: curva: la línea: la linha: la araña: ñandu: todo el niño se acuerda en mi: y já me estremece un eriçar de piel y pêlo: soy yo el enigma y lo alforje esfinge: hay que devorarlo a el siempre imprevisto: dibujado en la tanga su sexo ostensivo: mas sobretodo los ojos verdes contra la cara de risa y sol: lo tôrax en los embates del viento y del lamiento: a bailar en la siesta: sueño: soy su araña: álgebra: pronta jibóia: toda me enlambe su língua destra: todo lo unto de cuspo y baba: humores: suores: los miasmas: espasmos: la siesta me pone abrasado el útero profundo: el niño: súbita ñandu: puede que ponga su língua a lenta y me percorra: de los pies al cielo en luto donde vislumbro los rumores de la tempestade lunar: lábio premindo lábio: araña y grêlo: la dança de su boca: ñandu: el arpón de la aguja avança sobre la linha en trenzada línea: antes del nudo los caprichos de la meada: ñandurenimbó: fuerzo su cabeça contra mi boca: borro-lhe batón: el borrador: borrar la linha: la siesta: mi grito: nunca olvidar el gemido que tuvo el niño antes de que todo y tudo se transformasse: telaraña, neblina y nuvem en los rumores de la tempestade lunar: de uno solo gemido mortal: mio y dele: la faca en fuego de su lanza: lanzada: punto: nudo: laçada: nudo: lanzada: punto: ñanduti: ñandu: la tela va aborrindo: las luces se pierden en el azul más nocturno: telaraña: ñandu: el niño mañana puede que retorne: puede que sea aún otra vez y nuevamente solo la projeción oblíqua de la marafona que apena: ñandu: espreita: esto niño que marcha por las piedras de la calçada sin sequer saber que sobrexisto: acá en el entardecer: sueño de sueño hecho la rubra capitulación de uno ente que solo puede verlo: a el que imponente marcha: dirección del mar: su gusto de concha y sal: teço y teço y teço telaraña ñanduti: renda: rendados: rendêra imaginación fabril: higuêra hora: iguana: ñandurenimbó: en la siesta: hoy en estos martes sufocados: miércoles medrados: après-midi: el fauno: tuvo a el niño a dentadas y mordidas: yo lo tuvo en mi ventre entrañado: ñandu: telaraña: ñanduti: solo el no lo sabe: y sigue en el mar su gusto y sêmen: ni el sexo há de tampar estos traçados: evaporable véu: ñanduti: transparência y luces: ñandu: ñandurenimbó:

NOTAS

1) PARGO (em espanhol, *sargo*), peixe da família dos esparídeos, de coloração vermelha com reflexos dourados e pontos azuis no corpo. É típico do Mediterrâneo e da costa americana; também é conhecido como calunga.

2) CADOZ (em espanhol, *lisa* ou *llisa*), peixe da família dos ciprinídeos; tem pequeno porte (alcança, no máximo, até 15 cm) e vive em bandos, em águas frescas e limpas. É conhecido também como barbozo.

3) SALVA (em espanhol, *salvia*), erva de uso medicinal, da família das labiadas, nativa do Mediterrâneo.

4) MERLUZA (em espanhol e português), peixe da família dos gadídeos, semelhante ao bacalhau. Também conhecido como merlu, merluça.

5) INTOXICAR-SE. Em espanhol, a palavra *embeleñarse* é derivada de *beleño*, ou meimendro, planta tóxica e medicinal da família das solanáceas. Aqui, a tradução foi aproximada.

6) LANDA. Em espanhol e em português, o termo designa um descampado onde se encontra apenas ervas silvestres.

7) PALPO. Em espanhol e em português, refere-se ao apêndice do maxilar e do lábio dos insetos.

8) BLASTO. Em espanhol e em português, parte do embrião vegetal cujo desenvolvimento ocorre por germinação.

9) Neste poema, Eduardo Milán faz um jogo malicioso com a palavra *Ginebra*, que, em espanhol, significa Genebra, mas também Ginevra (Guinevere), a esposa do mítico rei Arthur. (Segundo Reynaldo Jiménez, ginebra é também é uma bebida alcoólica, comum nos "bares de borrachos" do Rio da Prata.) O trocadilho, infelizmente, não é possível em português.

10) Haroldo de Campos faz referência ao poema *Cadáveres*, de Néstor Perlongher, que integra o livro *Alambres* ("Bajo las matas / En los pajonales / Sobre los puentes / En los canales / Hay Cadáveres").

11) Em *Auto-retrato*, José Kozer faz colagens de diferentes símbolos e referências históricas, lendárias e mitológicas, do Ocidente e do Oriente. Teresa, aqui, é uma referência a Santa Teresa de Ávila, teóloga e doutora da Igreja.

12) CIBOLA. Referência às Sete Cidades de Cibola, terras lendárias que os conquistadores espanhóis imaginavam existir no continente americano. Álvar Nuñez Cabeza de Vaca, que chegou à Flórida em 1528, escreveu sobre esse "paraíso perdido", e várias expedições foram organizadas, em anos posteriores, para tentar localizá-lo.

13) HESPÉRIDES. Filhas de Júpiter, as hespérides eram ninfas que tinham a missão de guardar os pomos de ouro no jardim dos deuses. Um dos doze trabalhos de Hércules foi justamente o roubo desses frutos, que por orientação divina não poderiam ser levados ao mundo dos humanos. Há relato semelhante na mitologia nórdica (no *Edda*).

14) Em *Remendos*, o verso "alba albaca/ albacara albacea albazo" é intraduzível em português, devido aos jogos paronomásicos. Nossa opção foi manter o a tessitura sonora do original, ainda que alterando o sentido, para preservar a intenção estética do autor. Daí a nossa versão (sugerida por Ronald Polito): alva alvacá alvaçã alvação alvorada.

15) É interessante comparar este poema com *História da Noite*, de Jorge Luis Borges, que integra o livro homônimo, publicado em 1977.

16) Lezama Lima faz um possível trocadilho entre *arenga* (= "fofoca") e *arenque* (o peixe).

17) MÚRICE. Molusco gastrópode, que secreta púrpura e tem concha espinhenta. Alimenta-se de outros moluscos. Ocorre nos mares quentes.

18) TIÉPOLO, Giovanni Battista (1696-1770). Pintor e gravador italiano, mestre na pintura de afrescos. Foi o último dos grandes decoradores do barroco italiano.

19) Neste verso, Néstor Perlongher faz uma provável alusão à Carolina da canção de Chico Buarque ("... e só Carolina não viu").

20) ORIENTAIS. Assim são conhecidos os uruguaios (recorde-se que o nome oficial do país é República Oriental do Uruguai).

21) FEMIRAMA. Trata-se de uma antiga revista de moda feminina argentina, conforme nos esclareceu Reynaldo Jiménez, por e-mail.

22) TADEÍCES (espanhol, *tadeadas*). Neologismo criado pelo autor, a partir do termo *tadeo*, que, no poema de Lamborghini, tem o seguinte significado, conforme Néstor Perlongher: "O que são os tadeus ou tadeys? No poema aparecem como animaizinhos cegos, freneticamente devorados e libados pelos adoradores da deusa, cujas partes mais apreciadas são os gânglios". O fragmento apresentado nesta antologia faz parte de um poema longo do autor, de temática política, que tem, entre seus episódios centrais, o bizarro ritual aqui descrito. O título do poema é, justamente, *Los Tadeys*.

23) SHAKTI. Divindade da religião hindu, consorte de Shiva, é representada com um colar crânios e cinturão de mãos decepadas. Representa a energia criadora e destruidora da natureza material, mas é também o aspecto feminino da Verdade Absoluta. É adorada, em especial, nas práticas tântricas.

24) ZAHORÍ. Palavra espanhola de origem árabe, designa alguém que vê aquilo que está oculto. "Mercado zahorí" é, conforme Reynaldo Jiménez, uma construção alegórica. Por motivo de sonoridade e força expressiva, optamos por deixar a palavra em sua forma original.

25) DEVAS. Na mitologia védica, havia 33 milhões de deuses, ou *devas*, em geral relacionados aos elementos da natureza, às artes e ofícios. Os deuses principais, conforme os *Vedas*, eram Indra (a Chuva), Agni (o Fogo), Varuna (o Oceano) e Vayú (o Vento). Acima deles, estava a trindade formada por Brahma (o Criador), Vishnu (o Conservador) e Shiva (o Destruidor), diferentes aspectos da Suprema Verdade Absoluta, ou Brahman.

26) ESTOQUE. Em espanhol e português, arma branca que só fere com a ponta (não tem corte nas bordas).

27) SISTRO. Em espanhol e português, antigo instrumento musical egípcio.

28) SOCAIRE. Em espanhol, termo utilizado em navegação. Significa proteger (-se) de alguma coisa, como, por exemplo, uma tempestade. Em português, temos a palavra socairo, que significa: 1) abrigo, refúgio natural; e 2) Correias, cordas ou cabos usados em navio. Optamos por essa tradução por manter semelhança sonora, de sentido e grafia.

29) CAYO. Em espanhol, refere-se a uma pequena ilha arenosa (que, no poema, tem o formato de um *codo*, ou cotovelo, conforme nos explicou Roberto Picciotto). A tradução mais correta seria "ilhota"; por motivo de eufonia, optamos por uma pequena traição semântica, daí a nossa versão, Ancorado na *Ilha* do Cotovelo.

30) "Pássaro de pescoço curto e espádua hebréia". Temos aqui uma deliciosa caricatura verbal, que procuramos manter em português.

31) ASCHENBACH. Personagem da novela *Morte em Veneza*, de Thomas Mann.

32) Severo Sarduy, neste poema, usa símbolos e imagens do budismo tântrico tibetano, como o "trompete-fêmur" e os "crânios de criança". Longe de qualquer conotação macabra, o uso de ossos humanos, na iconografia (os *tankas*) ou como objetos ritualísticos, indica a brevidade da vida humana e a urgência de alcançarmos a paz espiritual, ou Nirvana.

33) TESOURINHA (em espanhol, *tijereta*). Ave passeriforme, da família dos cotingídeos, típica do sudeste brasileiro. Possui cauda longa e bifurcada, com 12 cm de comprimento. Também é conhecida como lacrainha.

34) SONEROS. Víctor Sosa criou o neologismo pela aglutinação de "son" + "eros", numa palavra-valise, à la James Joyce. O termo é também um trocadilho com o provérbio popular "sin ton ni son". Optamos por não traduzir o termo, e deixá-lo como no original.

35) Poema publicado originalmente em *Caracol/Viola* n. 0 (1998) e reproduzido na revista argentina *Tsé Tsé*, n. 7/8 (2000).

36) Poema publicado originalmente na revista de poesia e arte *Medusa*, editada no Paraná, em sua edição n. 3 (1999).

POSFÁCIO*
Roberto Echavarren

Mostra

O que se apresenta aqui não é uma antologia, que costuma ter a ambição enciclopédica de avaliar um século, ou meio século, legado de várias mãos e tendências plurais, ou de oferecer um panorama abrangente da poesia em certo lugar e momento. Uma mostra, ao contrário, reclama o interesse impune de ser substituível pela seguinte, numa série. É exclusiva, mas não excludente. Certas antologias clamam por outras que as corrijam. Porém, uma mostra se subtrai das *n* unidades de uma série. Nada explica o coincidir ou o dissentir, a não ser a comparação dos procedimentos. O conjunto dialoga entre opções que se recombinam ou se separam. Confirma-se um "ar do tempo" no jogo das diferenças. Faço uma prova de contato, um contínuo monstruoso de leitura, sem autoridade, por mais que resulte estimulante. Um intervalo onde se fixa a mostra, um friso dos que estão lá por nossa escolha.

Poéticas

A partir do modernismo hispano-americano do novecentos e do modernismo brasileiro dos anos vinte, certa vanguarda (de Vicente Huidobro a Oliverio Girondo e Octavio Paz) rompeu, em certas ocasiões, com a ilação da frase e também, como Joyce, com a integridade do significante, explosão e reflexão de fonemas. O exemplo-limite dessa tendência é o grupo Noigandres, os "concretistas" de São Paulo: Haroldo, Augusto de Campos e Décio Pignatari, que nos anos cinqüenta reivindicaram Mallarmé e seu *Lance de Dados*.

---

* Este ensaio foi publicado originalmente como prefácio de *Medusário, Muestra de Poesía Latinoamericana* (México: Fondo de Cultura Económica, 1996), organizada por Roberto Echavarren, José Kozer e Jacobo Sefamí, e foi traduzido e republicado no presente livro com autorização do autor. A tradução para o português é de Luiz Roberto Guedes.

Porém, o *Lance*... desprega uma sentença única em vários incisos. Mallarmé se auto-definia como um artífice de frases, mais que de meras seqüências ou conglomerados: *"Je suis un syntaxier"*. A prática concretista, ao contrário, suprimiu em certos casos a sintaxe. Dedicou-se a declinar permutações significantes em ordem geométrica sobre a página. Partilha, sim, com Mallarmé a semiotização dos brancos e o interesse na "quase desaparição vibratória" da palavra, reverberação do som, desmembramento de sentidos. Noigandres jogou com a produção de efeitos semânticos a partir dos deslizamentos (ou modificações) do significante, ao mesmo tempo que Roman Jakobson, no campo da lingüística, definia a função poética como o recair (o ressoar) do eixo vertical da seleção das palavras de acordo com o que significam, sobre o eixo horizontal da combinação ou sucessão de frases. Dito de outro modo: o que se diz, o que se escreve, depende de um critério de relação "motivada" (ou harmônica ou dissonante) entre o aspecto semântico e o fônico da fala.

O que Jakobson chama de "função poética" atua em qualquer mensagem, inclusive o slogan político (*I like Ike*). Os concretistas souberam disso muito bem. Não desdenham os referentes da economia de mercado ou da vida política, mas os justapõem, com efeito irônico, a séries semânticas diversas e contíguas na conjuntura de um corpo histórico singular.

Frente à devoração "canibal" do legado translingüístico por parte da linha Huidobro-Girondo-Paz-Noigandres, desenvolveu-se uma outra corrente, exemplificada pelo *Canto Geral* de Pablo Neruda, uma poesia, mais que do significante, do discurso de idéias que define um *compromisso* combatente. Esta poesia conhece novos marcos e modos nos anos cinqüenta e sessenta. É instrumento de agitação antiianque e pró-cubana, aliada, às vezes, com a música (canções de protesto). A poesia militante, por prosaísta e coloquial, é comparável à antipoesia de Nicanor Parra. Contudo, ao contrário do fingido delírio de grandeza, em Parra, e de sua eficácia cômica, aquela costuma limitar-se a uma denúncia contida e didática. Preocupa-se com certos tipos de conflito político: nacionalismo *versus* imperialismo, a classe camponesa ou os trabalhadores contra os oligarcas. Esta tendência culmina, nos anos sessenta, com alguns poetas centro-americanos como Roque Dalton, eficaz em alguns momentos no manejo de uma ironia e distanciamento brechtianos, e com Ernesto Cardenal. A poesia de

Cardenal é feita de pedaços de conversação, recortes de jornais e o cheiro de combustível nos aeroportos da pátria. A Nicarágua é apresentada em um marco sublime de distâncias a partir de um avião em vôo. Esta maneira de ver, não original, mas sim "primitiva", de janelinha de avião, eco imprevisto da *Viagem em pára-quedas*, de Huidobro, é de um realismo noturno que inclui focos alternados de galáxias, a ponta acesa de um cigarro, as luzes dos povoados controlados pela ditadura ou pela guerrilha, constelações de cores milagrosas, igual estatura e escalas diversas. É sublime por sua abertura a uma teologia cada vez mais negativa, pré e pós-humanista, ainda que não saiba de outra coisa que — nem se separe de — episódios biográficos, localidades, sangue e palavras de baixo calão.

Contudo, certa poesia de hoje recupera o humor fetichista, a batalha entre o estilo e a moda, que abordaram os poetas do modernismo, tradutores da poesia novecentista escrita em francês (do uruguaio Jules Laforgue, entre outros). A nova poesia, ademais, através de José Lezama Lima, avulta na poesia barroca escrita em espanhol. Não aposta, como era o caso das vanguardas, num método único ou coerente de experimentação. Nem se reduz aos referentes macropolíticos da tomada do poder ou do combate contra a agressão imperialista. É impura: ora coloquial, ora opaca, ora metapoética. Trabalha tanto a sintaxe como o substrato fônico, as noções como os localismos. E passa do humor ao gozo.

A poesia neobarroca é uma reação tanto contra a vanguarda quanto contra o coloquialismo mais ou menos comprometido. *a)* Partilha com a vanguarda uma tendência à experimentação com a linguagem, mas evita o didatismo ocasional desta, assim como sua estreita preocupação com a imagem como ícone, o que a leva a substituir a conexão gramatical pela anáfora e a enumeração caótica. Se a vanguardista é uma poesia da imagem e da metáfora, a poesia neobarroca promove a conexão gramatical através de uma sintaxe às vezes complicada. O próprio Haroldo de Campos, depois da etapa do concretismo, escreveu as *Galáxias*, exercício sintático de largo fôlego. Os neobarrocos concebem sua poesia como aventura do pensamento além dos procedimentos circunscritos da vanguarda. *b)* Ainda que às vezes possa resultar direta e anedótica, a poesia neobarroca rechaça a noção, defendida expressa ou implicitamente pelos coloquialistas, de que há uma "via média" da comunicação poética. Os coloquialistas operam segundo um modelo preconcebido do que pode ser dito, e como, para fazer-se entender e para doutrinar um certo público. Os poetas neobarrocos, ao contrário, passam de um nível de referência a outro, sem limitar-se a uma estratégia específica, ou a um certo vocabulário, ou a uma distância irônica fixa. Pode-se dizer que não têm estilo, e que, melhor dito, deslizam de um estilo a outro sem tornar-se prisioneiros de uma posição ou procedimento.

O BARROCO

O interesse em reexaminar as obras qualificadas como barrocas do século XVII, a partir de fins do século XIX, é um interesse sintomático que merece ser investigado. Para os modernos, o barroco traz um contraponto ao sentimento informe e enervado dos pós-românticos. O sentimento difuso, a exasperação nervosa, resultam demasiadamente particulares para confrontar os horrores da técnica: poluição ou genocídio. Nosso século é o ponto de superação e desmantelamento dos ideais contrapostos do século XIX: subjetivismo ilusório e utopismo autoritário.

A informação é uma luta, entre outras, de grupos e minorias, de sujeitos divididos não só pela barreira de classe, mas por estilos de conduta e aspecto. O regime em verdade se torna fluido, tende a uma qualificação não-moralista dos feitos. Qualquer ideologia é considerada como ficção. Se a origem do contrato social é mítica, renegociá-lo é uma luta entre grupos de interesse. A espontaneidade — a liberdade — não é, segundo Kant, objeto de conhecimento, nem empírico-científico nem metafísico-dogmático. O interesse por, e a modalidade contemporânea do barroco, neo ou pós-moderno, é consistente com esta fase da cultura que dá um novo viés à luta dos particulares e sua pretensão libidinal errática.

A contrafigura do devir, para o barroco, não é o ser, mais ilusório que o aparecer, já que carece ainda de aparência. Por mais que fale de um barroco da Contra-Reforma, o barroco não é arte de propaganda. Aparecer, no barroco, é a propaganda do aparecer, e é aí que Gracián coloca a virtude. A arte barroca repudia as formas que sugerem o inerte ou o permanente, cúmulo do engano. Enfatiza o movimento e o perpétuo jogo das diferenças, dinâmica de forças figurada em fenômenos. É uma arte da abundância do ânimo e das emoções, que não são jamais, sem embargo, transparentes. A contrafigura do devir para o barroco não é o ser, mas um limite, e a tentativa sublime de ultrapassá-lo. É um limite de intensidade ou resistência, além do qual o impacto ataca o sensorial, a atenção se desconcentra, as impressões se confundem. Se a fortuna da metafísica se vê rompida pelo descobrimento dos céticos gregos no século XVI, a estética moderna está condicionada pelo descobrimento, em fins do mesmo século, de um fragmento grego acerca do sublime. Kant lida com ambos aspectos: a crítica do conhecimento e o juízo estético, o belo ou sublime. O juízo estético marca diferenças segundo um imperativo absoluto de espontaneidade.

O furor construtivo do barroco rompe o engano de uma hipótese "natural" do relacionamento das palavras e das coisas. Constringe até doer. A acumulação de materiais faz com que se perca o fio, causa riso ou vertigem ao exibir os procedimentos retóricos e as ambíguas ressonâncias da língua.

Góngora não se limita a eludir a expressão ordinária e substituí-la por uma metáfora embelezadora. Seu estilo não consiste só em recobrir o feio ou familiar. Cultiva o grotesco ou o monstruoso quando descreve Polifemo. Juan de Jáuregui, crítico e rival, com ouvido agudo para o idioma da época, observa que Góngora, em seus poemas de arte maior, é pouco poético porque utiliza, às vezes, palavras cruas e ordinárias, que não correspondem às expectativas do gênero.

Os paralelismos, o nomear alternativas, para negar uma e aceitar outra, ou rechaçar ou aprovar ambas; o aludir a mitos greco-latinos e a uma ordem de atributos dos deuses ao considerar uma pele, os restos de uma personagem, ou um processo cósmico, as genealogias dos personagens humanos ou divinos, e também dos objetos, são recursos combinados, um equipamento de lentes diversas ou uma coleção de gemas. Chamam a atenção sobre o singular: ora decalcam a percepção da luz "duvidosa", do juízo vacilante que o qualifica, e duvida entre a importância relativa de duas palavras: uma passa por adjetivo e a outra por nome e vice-versa, em alternativas justapostas. Ora invocam um processo temporal que funde duas impressões distantes, ora apuram um conceito que ultrapassa as distinções da lógica, singular fissura do sentido ou confusão do som, paradoxo, oxímoro.

Se Góngora chama à embarcação "pinheiro alado" (nem sempre a chama assim; às vezes, diretamente, diz navio), estabelece uma genealogia, agrega ao barco o pinheiro sobre a montanha. O devir alado do pinheiro paraleliza a queda sobre as águas, o rio em que se transformou Ácis esmagado pelo rochedo, as lágrimas de Galatéia e as do olho único de Polifemo/montanha/colosso, que persegue a deusa mar adentro. O pinheiro, caniço capilar na barba espessa (ou torrente) do colosso resvala com o canto (prosopopéia) e as lágrimas: o transcurso dessubstancializa cada termo, porém o desdobramento dos momentos do desejo e a catástrofe se enrijece no poema como um escudo.

Algirdas Greimas e François Rastier chamam isotopia a "toda iteração" ou repetição múltipla de um elemento num discurso.*
Segundo eles, as isotopias são de três níveis: fonológicas (assonância, aliteração, rima), sintáticas (concordância por redundância de traços característicos) ou semânticas (equivalência de definição, seqüência de funções narrativas).

As isotopias fonológicas e as sintáticas serviram para distinguir, por sua concentração ou regularidade, um poema de outros discursos. Mas as isotopias semânticas na poesia receberam menos atenção. Em geral se aceita que um poema segue uma linha de pensamento, fala de algo (um referente). Contudo, é uma hipótese demonstrável que um poema desenvolve, ou pode desenvolver, várias isotopias semânticas paralelas, várias histórias a um só tempo.

E ao mesmo tempo em que fala de outras coisas, pode falar de si mesmo, do processo de sua gestação, da prática que o engendra. Rastier estabelece três isotopias semânticas num soneto de Mallarmé: o soneto alude, ao mesmo tempo, a um banquete e um brinde, a uma navegação e à poesia, prática que congrega os que comparecem ao banquete. Uma atenção redutora captaria somente um ou dois destes temas. Góngora falou, ao mesmo tempo, nas *Soledades,* de remar e escrever, do correr da água e escrever, do vôo dos pássaros e escrever. O escrever é figurado por práticas com as quais resulta, até certo ponto, equivalente. Imbrica-se numa versão incompleta de dinâmica

---

*) *Cf.* A. J. Greimas e outros: *Ensayos de semiótica poética,* Barcelona: Planeta, 1976 *(Essais de sémiotique poétique,* Paris: Larousse, 1976); em particular "Sistemática das isotopias", por François Rastier, pp. 107-140.

conjunta. Não é espelho da realidade, mas a atravessa, órbita eclíptica em relação a outros fenômenos. Por último, a escritura barroca altera o sentido de um fim. Não se trata de encontrar um remate cabal e necessário para uma história única. A escritura barroca obedece à noção de processo indefinido, senão infinito. As *Soledades* terminam por esgotamento momentâneo das linhas de força que as percorrem. O discorrer natural e o artificial, o conflito das pulsões significantes, as curvas parabólicas do vôo das aves de rapina que rematam a *Soledad Segunda* não levam a um fim, mas ao término de um périplo. As *Soledades* se encerram quando Prosérpina desce ao Hades com Plutão. Não é um final, mas o término provisório de um desdobramento.

A poesia barroca e a neobarroca não partilham necessariamente os mesmos procedimentos, ainda que certos traços possam ser considerados, por seus efeitos, equivalentes. O que partilham é uma tendência ao conceito singular, não geral, a admissão da dúvida e de uma necessidade de ir além das adequações preconcebidas entre a linguagem do poema e as expectativas supostas do leitor, o desdobrar de experiências além de qualquer limite.

Este livro terminou
de ser impresso no dia
18 de novembro de 2004
nas oficinas da
Associação Palas Athena,
em São Paulo, São Paulo.